때려치기 전에

직장인 분노 조절 기술

때려치기 전에
직장인 분노 조절 기술

요코야마 노부하루 지음 | 최민아 옮김

RITEC CONTENTS

CONTENTS

제2장

때려치기 전에 화를 멈추는 10가지 기술

제3장

직장의 부당함에 화내지 않고 온화하게 일하는 8가지 기술

제4장

화를 오히려 활용하는 7가지 기술

제5장

어떻게 해도 참을 수 없는 화를 누를 수 있는 7가지 훈련

<화 체크 시트>

• 당신을 화나게 하는 대상(상사, 직장동료, 일)을 알아보자.

질문 1 당신은 어떤 상사에게 화가 났는가? ※중복대답가능

ⓐ 소리치며 어수선하게 하는 상사 ☐
ⓑ 무능한 상사 ☐
ⓒ 책임을 피하려는 상사 ☐
ⓓ 입 열 때마다 말이 달라지는 상사 ☐

질문 2 당신은 어떤 직장동료에게 화가 났는가? ※중복대답가능

ⓐ 비판만 하는 직장동료 ☐
ⓑ 언제나 기분이 좋지 않은 직장동료 ☐
ⓒ 무신경한 직장동료 ☐
ⓓ 불편만 늘어놓는 직장동료 ☐

질문 3 당신은 직장의 어떤 점에 화가 났는가? ※중복대답가능

ⓐ 일의 양이 많은 것, 잔업이 많은 것 ☐
ⓑ 불평등한 인사(人事) ☐
ⓒ 일이 재미있지 않다. ☐
ⓓ 열심히 해도 결과가 나오지 않는다. ☐

• 당신이 얼마나 자주 화를 내는지 빈도를 알아보자.

질문 4 당신은 어느 정도의 빈도로 화를 내는가?

ⓐ 항상, "화"의 감정이 솟아올라 일이 손에 잡히지 않는다. ☐
ⓑ 하루에 1~2번, 격렬한 화가 일어나 일이 중단된다. ☐
ⓒ 주에 3~4번, 격렬한 화가 일어난다. ☐
ⓓ 월에 3~4번, 격렬한 화가 일어난다. ☐

⇒ 각각의 화 해소법은 〈화 해소 시트〉를 확인해 보자.

<화 해소 시트>

- 각각의 화를 해소하는 방법을 정리해 보았다. 상세한 것은 표의 오른쪽에 표시한 절을 참조해 보자.

질문 1의 화 해소법	참조 본문
ⓐ ⇒ 상사가 소리친다면 효율적으로 흘려들어보자.	3-01절
ⓑ ⇒ 사사건건 참견하고 괴롭히는 상사는 당신이 활약할 수 있는 기회로 삼자.	3-03절
ⓒ ⇒ 책임을 피하려는 상사에게는 사실을 보고하고 반론은 하지 않는다.	3-04절
ⓓ ⇒ 입 열 때마다 말이 바뀌는 유형의 상사에게는 우선 "YES"라고 대답하자.	3-05절

질문 2의 화 해소법	참조 본문
ⓐ ⇒ 이성이 없는 사람의 비판은 신경 쓰지 말고 흘려보내자.	2-06절
ⓑ ⇒ 언제나 화내고 있는 사람은 인정받고자 하는 욕구로 가득 차 있는 사람이므로 상대방의 화를 받아들인 다음 흘려보내자.	2-07절
ⓒ ⇒ 자기가 민폐인지 모르는 사람에게는 화가 난 이유를 확실히 말로 설명하자.	3-06절
ⓓ ⇒ 불평을 늘어놓는 상대는 해결을 바라는 것이 아니므로 그저 들어 주자.	3-07절

질문 3의 화 해소법	참조 본문
ⓐ ⇒ 상사의 부당한 요구도 장래의 꿈의 실현을 위한 수행이라고 생각한다면 포용할 수 있다.	3-02절 4-07절
ⓑ ⇒ 불공평한 인사 조치가 있더라도 타인과의 비교는 그만두고 지금 할 수 있는 일에 전력을 쏟는다.	3-08절
ⓒ ⇒ 화라는 감정을 성공의 기폭제로 한다. 또한 경쟁심을 촉발시켜 성과를 낸다.	4-03절 4-04절
ⓓ ⇒ 화라는 감정은 '지금의 방식으로는 잘 해 나갈 수 없어'라는 정보를 제공해 준다.	4-06절

질문 4의 화 해소법	참조 본문
ⓐ ⇒ 화를 느낀다면 원심법(遠心法)을 사용하여 화로부터 거리를 두자. 그래도 화가 솟아오른다면 심호흡을 하자.	5-03절 5-04절
ⓑ ⇒ 화를 느낀다면 원심법(遠心法)을 사용하여 화로부터 거리를 두자. 그래도 화가 솟아오른다면 심호흡을 하자.	5-03절 5-04절
ⓒ ⇒ 억지로라도 미소를 지으면 마음이 밝아지고 긍정적으로 변한다.	3-06절
ⓓ ⇒ 지금 그대로 괜찮다!	

<“화” 체크 & 해소 시트> 사용법

1. 우선 맨 처음으로 〈화 체크 시트〉의 질문 1~4에 대해 각 해당하는 ⓐ~ⓓ에 체크한다.

2. 〈화 해소 시트〉는 〈화 체크 시트〉의 질문 1~4에서 대답한 ⓐ~ⓓ에 해당하는 “화”를 해소하는 요점을 표로 정리한 것이다. 대응하는 답변을 보자. 또한 표의 오른쪽에 있는 3-01절, 3-03절 등의 번호는 본문 안에서 해설하고 있는 절의 번호이다.

· 주의

① 본 책은 필자가 독자적으로 조사한 결과를 출판한 것입니다.

② 본 책의 내용에 만전을 기하며 작성한 것이나 만일, 의심스럽거나 틀렸거나 누락된 부분을 발견하셨다면 출판사로 연락주시기 바랍니다.

③ 본 책의 내용에 관해 응용한 결과의 영향에 대해서는 상기 ②와는 관계없이 책임을 지지 않습니다. 사전에 양해를 부탁드립니다.

④ 본 책의 전부, 혹은 일부에 대해 출판사측으로부터 문서의 허락을 받지 않고 복제하는 것은 금지되어 있습니다.

⑤ 상표

본 책에 기재되어 있는 회사명, 상품명 등은 일반 사명의 상표 혹은 등록상표입니다.

서 문

이 책을 선택해 주셔서 감사합니다. 이 책은 저의 혼이 담긴 한 권입니다. 저는 과거에 화로 인해 많은 실패를 겪었습니다.

그렇게 몇 번의 실패를 겪으며 드디어 화라는 감정을 조절하는 방법과 그것을 긍정적으로 사용하는 방법을 찾을 수 있었습니다.

그 비결을 당신에게 알려드리려고 합니다.

부디 끝까지 읽어주세요!

• 화를 참지 못하고 좌천되었던 과거

내가 30대 때, 당시 근무하고 있던 기업에서 대대적으로 기업이벤트를 했다. 당시 젊었던 나는 "부서 내 최고, 즉 넘버원으로 성적을 올려 승진하는 거야!", "모두가 깜짝 놀라게 하겠어!"라며 의기양양한 기분으로 회사생활을 시작했다.

태양이 맹렬히 내리쬐는 하늘 아래서 와이셔츠는 금세 땀에 축축해졌다. 그 위에 딱 달라붙는 긴 소매의 정장을 입고 아침부터 밤까지 쉼 없이 뛰었던 날들.

동료가 두 곳을 방문할 동안 나는 다섯 곳의 거래처를 찾아갔다. 통상적인 마케팅뿐만 아니라 특별 이벤트 프로모션도 병행했다. 머리가 무릎에 닿을 만큼 허리를 깊이 접는 폴더 인사를 하며 여러 거래처를 방문했다.

그 결과, 정말로 부서 내 넘버원의 성적을 달성해냈다.

"이 노력은 분명 평가받을 거야!"

나는 천하를 얻은 듯한 기분이 되었다.

그러나 그러기는커녕…….

직속 상사의 호출을 받은 나는 칭찬받을 생각에 부푼 마음으로 달려갔으나 어림도 없었다. 그는 엄격한 표정으로 나를 보고 입을 열며 처음으로 한 말이

"자네, 너무 들떠 있지 말게. 일은 팀워크란 말일세. 혼자서 좋은 성적을 올린다고 우쭐하지 말란 말이네."

그 순간 내 안에서 무언가 불꽃이 튀었다.

'과장은 시원한 에어컨이 나오는 사내에서 의자에 앉아 있을 뿐이잖아!'

'명령만 하고 격려라곤 해 줄 줄도 모르면서, 들떠 있는 건 오히려 과장 너야!'

마음속으로 그렇게 소리친 건 아마 1초도 안 되는 순간이었다. 거기서 참았으면 좋았을 텐데.

하지만…….

당시 참을성이 부족했던 나는 자신의 기분을 마음속에만 담아두지 못했다. 정신을 차려보니 나의 의식과 관계없이 상상만 하던 말을 쏟아내고 있었다.

"좋겠네요, 과장님은. 아무것도 하지 않고 말하고 싶은 것만 말하면 되니까!"

과장의 얼굴에서 순간 핏기가 사라졌다가 그다음 빨개지는 과정이 영화 속 느린 동작처럼 눈에 들어왔다. 과장은 책상을 내려치고 화가 났다는 표정을 그대로 드러내 나를 한참을 노려보다가 자리를 떠났다.

실내에는 무거운 정적이 감돌았다.

정신을 차린 나는 우선 '난처해졌구나'라는 생각에 식은땀이 났다. 다행히 그 기분은 바로 사라졌다.

아무리 과장 눈에는 미워 보여도 사내 이벤트에서 넘버원을 한 나였다. 다른 부서의 부장이 직접 "기대하고 있어."라며 말을 걸어 준 적이 있을 정도였다.

'괜찮아, 괜찮아!'

나는 자신에게 이렇게 말하며 위로했다.

그런데 그 일이 있고 난 뒤 약 3개월이 지나, 갑자기 나에게 좌천, 그러니까 인사이동 명령이 내려졌다. 평소 절대로 가고 싶지 않았던 부서로의 좌천이었다.

두 다리에서는 힘이 빠지고 주저앉을 것만 같았다. 부서 내의 모든 사람이 나를 비웃는 것처럼 느껴졌다. 매달리는 마음으로 친하게 지내던 부장을 복도에서 기다려 말을 걸어보려

했으나 나를 보자마자 그 부장은 피하듯 도망쳤다.

실망과 함께 새로운 화가 끓어오를 뿐이었다.

그 후 얼마나 시간이 흘렀을까. 화가 서서히 가라앉으며 냉정함을 되찾자 슬며시 든 생각은 '그때, 화난 채로 행동하지 않았더라면…….' 하는 깊은 후회였다.

• "화"의 사용방법을 생각하다

또 다른 나의 괴로운 경험담 중 하나이다.

대학을 졸업한 후, 일본신판주식회사(현재 미츠비시UFJ니코스)에 취직하여 영업성적 최상위권에 도달했다가 전국 최하위권을 경험하고, 다시 한번 넘버원이 되었다가 좌천되어 퇴직했다.

그 좌천의 경험이 없었다면 전직인 SBI모기지 주식회사(현재 아루히주식회사)의 창업멤버에 들어갈 일은 없었을 테니 지금 생각해 보면 필연적으로 일어난 일인지도 모른다. 하지만 우울증에 걸려 가족들에게도 나쁜 영향을 주었고 회사를 그만두게 되었으니 큰 상처를 짊어져 멀게 돌아왔다는 것은 부정할 수 없다.

이 책을 읽는 당신은 나와 같은 체험을 하지 않고 좀 더 순조로운 경로로 자신이 바라는 인생을 걸어가길 바란다.

자, 여기까지가 내 인생의 실패담이다. 내가 화를 잘 못 참는 편이었던 것은 맞지만, 이런 나도 화의 덕을 본 적이 있다.

어렸을 때의 나는 사소한 것에도 화를 잘 내는 아이였다. 당시 나를 아는 사람은 나에 대해서 좋게 말하면 "활발하고 활기 넘치는 아이였다."라고 말할 테고, 나쁘게 말하면 "장난꾸러기에 난동 피우는 아이였다."라고 말할 것이다.

그러나 이런 잘 참지 못하는 성격이었던 나도 참았던 시기가 있었다.

그때는 초등학교 6학년 때였다. 만담가의 길에 뜻을 두었던 시절부터였다.

아직 어린아이였던 나는 당시의 6대 가미가타만담협회 회장 쇼후쿠테이 쇼카쿠(笑福亭松鶴) 스승님의 제자로 들어가 엄격한 지도를 받았다(참고로 나의 후배가 지금 대활약하고 있는 쇼후쿠테이 츠루베*이다).

일반적인 아이라면 상상할 수도 없는 수업을 받으며 한때는

* 일본의 만담가(라쿠고가)이자 희극 배우, 가수, 사회자, 라디오 DJ이다. 본명은 스루가 마나부(駿河学)이다.

스승님의 매니저 집에서 객식구로 지내기도 했다.

여기에서는 참지 못하고 성미를 보이면서 살면 안 되었다. 그런 상황이 되면 성미가 급한 나라도 화를 참는 것이 가능했다.

"화"는 정열로 바뀌어 만담가로서 활약하는 데 발산되었다.

당시, 나는 가미가타만담협회에서 최연소 만담가로 TV나 라디오에도 자주 출연하여 조금은 이름도 알렸다. 그러나 나이를 먹을수록 인기가 떨어져 고등학교 2학년이 되면서 만담가의 길을 그만두었다. 보통의 고등학생으로 돌아간 나는 의욕을 잃고 자포자기 상태였다.

주위에서 '패배자'로 보는 듯해 분했지만 다른 그 어떤 일도 하지 못하고 평범한 고등학교 2학년이 되지도 못했다. 인생이 끝날 것 같은 두려움에 방황하며 매일을 보냈다.

그러나 어느 날 숙부와의 대화를 계기로 '이대로 평생 패배자로 끝날 것 같으냐!'라며 마음을 다잡은 나는 반년 동안 미친 사람처럼 죽도록 공부했다. 그렇게 전교 꼴찌였던 성적에서 상위권으로 올라섰고 대학에 합격할 수 있었다.

돌이켜보면 그 시절 대학에 합격할 수 있었던 이유는 자포자기에 사용했던 "화"의 에너지를 긍정적인 행동으로 전환할 수 있었기 때문이라고 분석한다.

"화"의 에너지는 결코 부정적이기만 한 것이 아니라 이렇게 긍정적인 요인으로 전환함으로써 큰 수확을 얻는 것이 가능하다.

• "화"의 파워를 에너지로 바꾸다

이제, 당신에게 질문을 하겠다.

당신은 아침 만원 지하철에서 발을 밟혔다. 발을 밟혀 "욱!" 하는 감정이 생기는 것은 누구나 똑같다. 그 순간 어떻게 생각하고 어떤 행동을 하겠는가?

① "이 자식!"하고 감정 그대로 상대방에게 주먹을 날린다.

② "어쩔 수 없지."하고 참는다.

③ "일부러 그런 게 아니야."라고 생각하고 용서한다.

당신은 어떤 선택을 했는가?

①번을 선택한 경우, 상대방의 반응에 따라 싸움으로 이어질 가능성이 있다. 다만, 싸움은 이겨도 져도 잃게 되는 것이 크다.

②번을 선택한 경우, 과격한 행동까지 도달하지 않겠으나 회사에 도착할 때까지 혹은 온종일 '화'를 질질 끌고 다니게 될 것이다.

③번을 선택한다면 '화'는 그 장소에 놓고 지하철에서 내릴 수 있다.

아마, ②번이나 ③번을 선택한 분들이 많을 거라고 본다. 사실은, ④번 선택지도 있다.

④ '역에 도착하면 에스컬레이터가 아닌 계단을 한숨에 뛰어 올라가자!'라며 힘을 불어넣는다.

함께 상상해 보자.

아침 만원 지하철에서 사람들 사이에서 구겨져 피곤한데 발을 밟혀 화가 솟아올랐다. 그 화의 파워를 에너지로 문이 열리면 한숨에 계단을 뛰어 올라가는 것이다.

한숨에 계단을 뛰어 올라갈 때는 화도 해소되며 상쾌함을 느끼는 당신을 볼 수 있다. 꼭 그렇게 하지 않더라도 상상하는 것이 중요하다.

기분을 새롭게 바꿨다면 언제나처럼 밝은 미소로 출근해 "좋은 아침!"이라고 큰 목소리로 인사해 보자. 동료들로부터 좋은 인상을 받고, 지하철에서 일촉즉발의 상황을 겪었었다는 기억은 사라질 것이다.

• 화는 당신의 적인가, 아군인가?

"화"라는 감정이 생기는 것은 당연하다. 사람이기 때문에 감정이 격해지는 일도 있다. 참기만 한다면 스트레스가 되어 다른 부분에 피해를 줄 수도 있겠다.

이 책에서는

- 단순히 화를 참는 방법이 아니라 왜 화가 나는가?
- 그 화를 어떻게 조절하면 좋은가?

에 대해 나의 경험을 더해가며 설명한다. 또한,

- 화의 활용방법

에 관해서 소개한다.

무엇보다 쉽게 화를 내는, 누구도 손 쓸 수 없는 아이였던 내가 화를 에너지 삼아 대학에 진학하였고, 화나는 대로 행동하여 회사에서 좌천되고 우울증을 앓다 퇴사하는 등의 경험을 통해 "화"의 득실을 설명하고 자신의 의지대로 활용할 수 있게 되었다.

당신이라면 실패 없이 좀 더 재미있는 인생을 개척할 수 있을 것이다.

자신의 화를 관리하고 싶은 분들에게 이 책은 분명히 도움이 될 것이다.

왜냐하면, 화라는 감정과 적대해왔던 내가 이렇게 책을 쓰게 된 것은 화와 친구가 되었기 때문이다.

화와 친구가 되면 당신의 인생에 무서울 것은 없다.

내가 약속한다.

감사를 담아!

요코야마 노부하루

제1장

쓸데없이 화내지 않도록 도와주는 10가지 습관

1–01

"화"의 정체는 무엇일까

⇒ 생각의 차이에 의해 화가 생긴다

화를 잘 다스리려면 가장 먼저 「화」라는 감정이 왜 생기는지, 그 정체를 알아야 한다.

나는 화를 잘 내는 편인가 아니면 온화한 편인가? 아무리 온화한 사람이라 해도 순간 욱하는 감정에 화를 여과 없이 분출해 후회한 적이 한두 번은 있을 것이다.

화의 근원은 대부분 '사람'과 엮여 있다.

화는 주로 누군가 무엇을 했거나 혹은 누군가 무엇을 하지 않았을 때 생긴다.

이 말은 곧 무슨 뜻인가?

사람은 각인각색, 모두 제각기 다른 생각을 가지고 있다. 그럼에도 불구하고 남도 자신과 같은 생각을 할 거라는 착각에서 '화'가 발생하게 된다.

사람은 24시간 중 잠자는 시간 외의 대부분을 자신에 관해 생각한다. 그리고 자기 생각만이 정답이라고 착각한다.

그래서 잘못하고 있는 상대방을 바른 방향으로 유도하려고 한다. 이것은 어디까지나 선의에서 나오는 행동이긴 하다.

그러나 유도를 당하는 상대방 처지에서는 다르다. 그들도 그들 나름대로 자기 생각이 옳다고 믿기 때문에 상대방의 유도가 불편할 수밖에 없다.

결국 '자신이 맞다'라는 사고방식에서 화가 생긴다.

오래전의 일이다. 역 앞에서 부하 직원과 약속이 있었다. 나는 상대가 누구든지 항상 약속 시각 10분 전에는 도착해야 한다는 신념이 있었다. 물론 그날도 일찍 나갔다. 반면에 부하 직원은 약속 시각 2분 전에 도착했다. 분명히 지각은 아니었다.

하지만 나는 상대방의 무성의에 화가 났다. 보란 듯이 소매를 걷어 올리고 손목시계로 시간을 확인했지만, 부하 직원은 평온했다. 당연한 일이다. 약속 시각 전에 도착했으니까.

나는 평온한 부하 직원의 태도에 더욱이 화가 났다. 부하 직원이 상사보다 늦게 도착하다니 나에겐 상상도 할 수 없는 일이었으니까!

이러한 경우에 대한 나의 상식은 이랬다.

① 사회인은 약속 시각 10분 전에 도착한다.

② 부하는 상사보다 일찍 도착한다.

이런 사고방식의 차이로 혼자서 멋대로 화를 냈던 것이다.

여기서 만약 화를 참지 못하고 부하 직원에게 "자네, 늦었어!"라고 소리 질렀다면 어떻게 됐을까?

시간에 맞춰 도착하는 것이 그 직원에게는 상식이므로 부하 직원은 '짜증'이 났을 것이다.

상사와 부하 직원 둘 다 같은 생각을 가진다면 '화'는 발생하지 않는다. 만일 상사 쪽이 누가 먼저 오든 시간에 늦지만 않는다면 신경 쓰지 않는 유형이라면 또 아무런 문제도 일어나지 않을 것이다.

같은 상황에서도 각자의 '생각'에 따라 화는 생기기도 하고 생기지 않기도 한다.

화의 정체에 관해 조금 더 깊이 알아보자.

1-02

상대방에게 너무 기대하면 실망이 찾아온다

⇒ 기대를 배신당할 때 화가 일어난다

상대방에게 기대한 결과를 얻지 못한 채 실망한 적이 있는가?

'이렇게 해 줬으면 좋겠다'라고 생각했는데 기대에 못 미치면 누구나 실망한다.

'이렇게 해 줬으면 좋겠다'에 기대가 더해져 '이렇게 해야 해', '이렇게 하지 않으면 안 돼'라고 바뀌면 어떻게 될까?

그 기대에 벗어나면 더욱 화가 나지 않을까?

사람이라면 누구나 이런 기대를 한다. 당연한 일이다. 나도 부끄러울 정도로 같은 일을 반복해왔다.

앞서 말했던 약속 시각을 다시 예로 들어 보자. 10분 전에 도착한 나와 2분 전에 도착한 부하 직원.

나는 부하 직원이 나보다 일찍 도착하기를 기대했다. 그리고 부하 직원이 상사보다 늦게 도착한 경우 (비록 약속 시각보다 일찍 도착했더라도) 사과할 것이라고 기대했다. 그러나 그 직원은 내 기대를 배신했다.

나는 기대를 배신한 부하에 대해 화를 느낀 것이다. '이렇게 행동해 주겠지'라는 기대감도 상대방이 생각한 대로 응해 주지 않으면 화로 직결된다.

화는 기대에 배신당했을 때 생긴다.

배구에서 자주 일어나는 실수 중에 블라인드 데이트(blind date)*라는 실수가 있다.

이 실수는 '상대방이 받아 줄 것이다'라고 생각해서 서로 사양하다 일어난다.

언젠가 친구에게 이런 일이 있었다.

아내가 감기에 걸려 몸이 좋지 않아 저녁 준비를 하지 못한

---

* 날아온 공을 서로에게 맡기고 아무 대응을 하지 않아 실점하는 일을 말한다.

다고 남편에게 문자를 보냈다. 남편은 '알았어'라고 답장한 뒤, 자신이 먹을 도시락만 사서 귀가했다. 남편을 본 아내는 매우 실망했다고 한다.

'남편에게 저녁을 만들지 못한다고 하면 자신의 몫도 준비해 주겠지'라고 기대했기 때문이다. 그 기대에 배신당해 실망했고 기분이 좋지 않아 결국 화로 이어졌다.

한편 남편은 '자신의 몫도 필요하다면 같이 준비해 달라고 문자를 보냈겠지'라고 생각했다. 그 때문에 아내의 화를 받아들이지 못하고 '말하지 않은 쪽이 나빠'라며 자신의 정의감을 우선시하여 화를 냈다.

이렇게 기대감에 배신당한 일이 화로 이어지는 예는 일상생활에서 자주 볼 수 있다.

회의나 모임 시간이 변동되었다고 직접 알려주기를 원하는 사람이 있는 반면, 게시판이나 홈페이지에서 예정표를 확인하면 된다고 생각하는 사람도 있다.

상대방에 대한 기대는 자신이 가진 '이 사람이라면 이렇게 해 주겠지'라는 가치관에서 온다.

몇 번이고 반복하지만 사람의 가치관은 천차만별이고, 결코 같은 사람이 존재하지 않는다. 사람은 모두 다르다는 것을 이해하면 기대에서 벗어났다고 해서 곧바로 화가 나는 일이 적어진다.

상대방에게 기대를 해도 그가 당신을 만족시킬 수는 없다. 왜냐하면, 당신 자신도 상대의 기대에 백퍼센트 부응해 항상 만족시킬 수 없기 때문이다.

1-03

나에게 당연한 것이 남에게도 당연한 것일까

⇒ 화라는 것은 편견의 테두리 안에서 밖을 보고 있기 때문에 생긴다

'편견'이라는 단어를 들으면 어떤 기분이 드는가?

'기대감'은 '편견'에서 나온다.

당신의 '이것이 맞다', '이렇게 해야 한다', '분명 이렇게 되겠지'라는 편견은 으레 상대방에 대한 기대로 이어진다.

그러나 유감스럽게도 기대한다고 실제로 이루어지지는 않는다(정말로 사람이란 그렇다. 당신만 실망하거나 화내고 있는 것이 아니니 안심해도 된다).

예를 들어 고부간의 갈등도 편견에서 시작되었을 수 있다. '시어머니는 며느리에게 적의를 안고 있는 사람이다'라는 생각이 결혼 전부터 뿌리 깊게 박혔다면, 시어머니가 하는 아무 의미 없는 언행이 나쁘게 보일 수밖에 없다.

시어머니 또한 '며느리는 시어머니를 싫어하는 사람이다'라는 편견을 안고 있을지도 모른다. 다른 관계에서도 마찬가지이다. 누가 날 싫어한다고 편견을 가지면 진짜로 나를 싫어하는 것처럼 보인다.

이처럼 자신만의 편견에서 오해가 생겨 화가 일어난다.

나 또한 편견으로 인해 혼자 괴로워했던 적이 있다.

나는 회사에 취직하기 전부터 '상사는 부하 직원에게 엄격한 사람이어야 한다'는 편견을 가지고 있었다. 프로젝트에서 실패하면 상사는 소리칠 것이라고 믿었다. 어쩌다 사고라도 생기면 내 탓을 하겠지 하며 떨었던 적도 있었다.

그리고 걱정은 현실이 되었다.

그러나 동료였던 A군은 언제나 느긋한 성격으로, 혼나도 상사를 싫어하는 모습을 보이기는커녕 밝기만 했다. 동료보다 상사를 더 좋아하는 듯했다.

나는 하도 궁금해서 A군에게 "어째서 혼났는데도 상사를 싫어하게 되지 않지?"라고 물어보았다.

그러자 A군은 매우 신기한 대답을 들려주었다. "나는 상사에게 혼난 적 없어." 아무리 그래도 그건 아니라는 생각이 들어 여러 대화를 나눴다. 그리고 깨달았다.

A군은 바로 '상사는 부하 직원에게 애정을 가지고 있다'라는 무조건적인 믿음이 있었다. 혼나도 애정이라고 생각하며 상사를 신뢰했기 때문에 상사에 대한 악감정을 가질 일이 없었던 것이다.

상사와 부하 직원 사이든, 부모와 자녀 사이든, 남편과 아내 사이든, 모든 관계성에 있어 '이렇겠지'라는 기대감 혹은 편견은 존재한다.

그 사람의 행동을 보았을 때, 편견이라는 색안경을 쓰고 보기 때문에 받아들이는 쪽에게는 그것이 화가 되거나 재미있는 이야기가 되는 것이다.

이 편견이야말로 곤란한 존재다.

모두가 같은 편견을 가지고 산다면 좋겠지만, 사람들은 제각기 다른 편견을 가지고 살아간다. 게다가 '다른 사람도 나와 같은 생각을 하고 있을 것이다'라고 또 다른 편견을 가지게 되면 매우 골치 아프다.

내가 당연하다고 생각하는 상식이나 정의도, 이래야만 한다는 지침도, 모두 자신이 만들어 낸 자신만의 편견이다.

나는 이 사실을 직접 깨우쳤을 때 매우 큰 충격을 받았다.

그래서 이제는 순간적인 판단으로 욱할 때도 '잠깐 기다려봐' 하고 상황을 객관적으로 바라보는 습관이 몸에 붙었다. 내가 지금 화난 게 나의 편견 때문이 아닌가 돌이켜보게 되었다. 그 덕분에 나에게 '화'는 적이 아닌 중립적인 존재가 되었다.

우선 편견의 울타리에서 한 걸음 밖으로 나와야 한다.

1-04

화가 난 이유는 의외로 다른 감정에 있다

⇒ "화"와 거리를 두고 이성적으로 생각하다

사실 화라는 감정은 '2차 감정'으로 그 저변에는 '다른 감정'이 가득 차 있다고 하면 어떤 생각이 드는가? 원래의 다른 감정이 화로 분출되는 것이라면?

많은 사람이 이 '다른 감정', 즉 1차 감정의 존재를 모른 채 살고 있다.

알기 쉬운 예를 들어보자. 연인에게 몇 번이고 문자를 했는데 전혀 답장이 오지 않았다. 그리고 며칠이 지나서야 드디어 전화가 걸려왔다. 당신은 과연 "지금까지 뭐하고 있었어?"라며 입 밖으로 화를 내지 않고 평소처럼 통화할 수 있는가?

이때의 화야말로 2차 감정이다.

그렇다면 이런 상황에서 1차 감정은 무엇일까?

상대방에 대한 '불안' 혹은 '걱정'이다.

'왜 그러는 걸까?', '무슨 일이 있는 걸까?', '내가 싫어진 걸까?' 이런 마음이 가장 처음 존재하고, 그 후에 화로 변하게 된다.

예를 들어, 상사에게 부당한 것을 지시받아 짜증이 날 때를 생각해 보자. 사실 이 짜증의 근본을 분석해 보면 다음과 같은 감정이 숨겨져 있다.

'나를 가볍게 보는 건 아닐까?' 하는 의심, 혹은 '나를 이해해 주지 않고 있어'라는 불안의 감정이 마음속 깊은 곳에 자리 잡고 있다.

1차 감정에서 2차 감정인 "화"로 넘어가는 것에는 개인차가 존재한다. 같은 상황에서도 화를 내는 사람이 있는가 하면 웃고 넘어가는 사람도 있다.

이것을 나는 "화"의 수용력이라고 부른다.

맡은 업무에 자신감이 있고 훌륭한 성과를 남긴다면 "화"의 수용력은 넓어지고 상사의 부당한 지시에도 유연한 마음으로 대응할 수 있다.

반대로 자기에 대한 자신감이 없으면 상사의 언행에 과민반응을 하게 되고, 경계선을 넘어 "화"의 단계로 진입하게 될 것이다.

"화"의 수용력은 그날의 몸 상태에 따라서 바뀌기도 한다. 여유가 있는 휴일에는 자녀가 놀자고 떼를 쓰더라도 상냥하게 대해 줄 수 있지만, 과중한 업무로 심신이 피곤한 상태에 겨우 쉬고 있을 때는 '욱!'할지도 모른다.

"화"의 수용력은 평상시의 습관이나 행동의 결과이기 때문에 아침, 저녁으로 바뀌지 않는다. 그러나 **화가 솟아올랐을 때 1차 감정을 찾는 것만으로도 냉정함을 유지할 수 있으며 그 후의 반응을 바꿀 수 있게 된다.**

지금 내가 화를 내는 1차 감정은 무엇인가?

이것을 알면 두 가지를 얻을 수 있다.

① 생각함으로써 잠시 시간을 가질 수 있다

격렬한 화의 감정은 한순간 절정을 맞이한다. 시간을 가지면 절정으로 치닫지 않는 효과가 있다.

② 이성적인 태도를 취할 수 있다

화라는 감정을 냉정하게 분석할 수 있게 된다.

'지금의 화는 상대방의 행동이 아닌 불안에서 온 것이다'라고 인식함으로써 냉정해질 수 있다.

화라는 감정이 툭 튀어나올 때는 1차 감정이 무엇인지 생각하는 습관을 지니자.

1–05

화도 잘 내면 득이 된다

⇒ 화는 긍정적인 활동 에너지이다

우리 인류는 이렇게나 진화했음에도 아직 화라는 감정을 잘 다스리지 못하고 있다. 화라는 것은 부정적인 감정 중 하나인데 말이다.

왜 이렇게 부정적인 감정이 우리 안에 존재하는지 신기하지 않은가?

우리가 화라는 감정을 안고 있는 이유!

그것은 필요하기 때문이다.

우리들의 선조는 많은 적과 싸워왔다. 그 승자의 DNA만이 현재 우리들의 유전자로 전해져 왔다.

눈앞에 적이 나타났을 때는 '도망친다' 혹은 '싸운다' 둘 중 하나를 선택해야만 했다.

'도망친다'에 필요한 감정은 '공포'였다. 사람은 큰 공포와 만나면 혈압이 상승하여 심장의 박동수도 빨라진다. 뇌는 순간 사고를 정지하고 도망치는 것에 집중한다. 순간적인 행동을 일으키며 아무리 달려도 지치지 않도록 몸을 반응시킨다.

그렇다면 '싸운다'의 경우에는? '화'의 감정이 필요했다.

화가 나면 힘은 배로 증가한다. 아드레날린이 분비되고 근육의 움직임이 강화되며 고통을 느끼지 않는 몸으로 조정된다. '화'에는 사람의 생존본능을 지키는 중요한 임무가 있는 것이다.

현대 사회에서는 '싸움'을 원시적인 것으로 여긴다. 함부로 사람을 공격하는 것은 유리한 계책이 아니다. 오히려 원시적 싸움과 관계없는 일상생활에서 대량의 아드레날린을 분비하면 에너지를 어디에 표출해야 할지 곤란해진다.

'싸움'이라는 관점에서는 '화'를 필요로 하는 기회가 줄어들었다. 그러나 여전히 지금도 '화'는 생존본능을 유지하기 위해서 필요하다.

예를 들면, 다음과 같은 상황이 있다.

- **사람들 앞에서 상사에게 혼났다.**
- **동기인 친구와의 승진 경쟁에서 졌다.**
- **큰 손실을 일으켰다.**

이 외에도 개인차는 있으나 적든 많든 '화'의 에너지가 솟아오른다.

이 '화'의 에너지는 놀라운 힘을 내포하고 있다.

그리고 화의 에너지로 '절대로 지지 않을 거야', '꼭 갚아 주겠어'라는 의욕적인 행동으로 바꿀 수 있다.

이러한 점에 관해서는 제4장 "화를 오히려 활용하는 7가지 기술"에서 자세히 살펴보자.

1-06

남 탓하면 뚜껑만 더 열린다

⇒ "화"의 이차 폐해를 회복하다

아침, 깜짝 놀라 잠에서 깬다. 어젯밤 맞춰둔 자명종은 울리지도 않았다. 시곗바늘이 멈춰 있어 늦잠 자고 말았다(윽~ 짜증!).

큰일이다! 지각이다!

서둘러 침대에서 뛰쳐나오다가 침대 밑에 있던 쓰레기통에 발이 걸렸고 쓰레기통에서 쏟아진 쓰레기가 나뒹군다(누구야. 침대 밑에 쓰레기통을 놓은 사람, 짜증!).

거실에 나오니 아내가 없다(도대체 어디에 간 거야! 깨워주면 좋잖아. 짜증! 짜증!).

커피잔에 끓은 물을 붓자마자 물이 튀었다. 행주로 닦으려다가 커피잔을 건드려 테이블에 커피가 쏟아졌다(아아악! 제발! 적당히 좀 해라. 화는 절정으로!!).

급히 집을 나오려고 하는데 어디 뒀는지 휴대전화가 보이지 않는다(정말 최악!!!).

이 일들은 부끄럽지만 나의 체험담이다. 누구나 한 번쯤 이런 경험 있지 않은가?

이 사건에서 화의 원인은 뭘까?

회사에 늦는다는 '공포'가 화의 가장 첫 시작이다. 지각한다는 초조함 때문에 반복해서 실수하고 그 실패가 이어져 다음에서 그다음으로 화는 점점 증폭되어 간다.

'회사에 늦는다'라는 상황을 우리의 무의식은 다음과 같이 전개한다.

회사에 늦는다 → 상사의 평가가 낮아진다 → 불합격, 해고당할지도 → 퇴사하면 생활할 수 없게 된다 → 생존에 위협이 된다.

조금 과장한 것처럼 보이지만 뇌 속의 불안 호르몬은 생존본능을 위협당할 때와 같은 종류의 호르몬을 방출한다.

물론 한 번 지각했다고 해서 불합격이나 해고를 당하지는 않겠지만, 상사의 평가가 낮아진다는 것은 충분히 일어날 법하다.

조금 시간을 두고 '아아, 내가 공포를 느꼈구나'라고 1차 감정을 파악할 수 있다면 이후 대처방법을 생각하는 동안 화는 분산된다.

그러나 원인을 '타인'에게 돌리면 아무리 시간이 지나도 화는 절대 사라지지 않는다. '화'는 원시의 전투 체계에서는 도움이 되는 감정이겠지만, 지금의 경우 싸울 상대방이 없다. 존재하지 않는 상대에게 싸움을 거는 것은 감정 소모적이다.

자명종이나 쓰레기통과 싸울 수도 없으며 사정을 알 수 없는 아내를 공격할 수도 없다. 결국, 자신의 실수로 커피를 흘렸기 때문에 화의 방향은 자신이 되어야 한다.

그러나 사람은 '자신이 나쁘다'고 생각하려 하지 않는 성질을 가지고 있다.

자명종을 끄고 쓰레기통을 이동시킨 아내가 나쁘다, 아내가 깨워줬다면 지각하지 않았을 텐데 라고 생각한다면 회사로 가는 지하철 안에서도 몇 번이고 '아내가 나쁘다'라고 되뇔 것이고 그러면 화가 가라앉기는커녕 더욱 증폭된다.

화의 2차 발생을 막기 위해 일어난 상황을 타인의 탓으로 돌리지 말고 받아들이는 습관을 기르자.

1-07

이상하게 얄미운 사람이 있으면 열등감은 아닌가 생각해 본다

⇒ '나는 무조건 맞다'라는 생각은 열등감의 뒷면이다

어느 특정 인물에게만 '화'를 느낀 적이 있는가?

예를 들어 여러 동료 중 어느 한 사람에게만 화가 난다든가, 형제 중에도 바로 위의 형제에게 경쟁심이 일어난다든가, 부모와 자식 간에도 얼굴을 보면 짜증이 난다는 등.

왠지 그 사람에게만 화를 느끼는 일, 여러분은 어떤가?

일어난 '상황'에 대한 화의 경우 강도의 차이는 존재하지만 시간이 해결해 줄 수 있다.

그러나 특정 '인물'에 대한 화는 시간의 경과에 따라 더욱 높아지기도 한다. 상대방을 인정하기보다 자신을 정당화하기가 쉽기 때문이다.

특정 인물에 대한 '화'의 원인은 자기 안의 '열등감'에서 비롯된다.

'나는 무조건 맞다'라는 생각은 열등감의 뒷면이다. 괴로운 작업이 되겠지만 화의 대상인 '특정 인물'의 어딘가에 자신의 열등감이 숨겨져 있는 것은 아닌지 찾아보자.

나는 젊었을 때, 1년 후배인 B군이 싫었다. 회의에서 B군이 하는 발언 모두가 마음에 들지 않았다. B군의 태도가 건방지다고 느꼈고, 제대로 인사도 하지 않는다고 화를 낸 적도 있다. 그런 험악한 상태가 계속 이어졌다.

그러던 어느 날 나 자신이 화를 내는 원인을 알게 되었다. 나는 B군의 언행이 아니라 영업성적 때문에 화가 났던 것이다.

B군은 후배였지만 나보다 항상 높은 성적을 올리고 있었고 그 사실에 나는 질투하고 있었다.

그 질투와 열등감이 나의 1차 감정이었다.

나의 영업성적이 좋아져서 표창을 받은 후로는 B군에 대한 화라는 감정은 사라졌고, 함께 술잔을 부딪칠 만큼 관계가 회복되었다.

영업성적이 오르면서 열등감은 사라지고 '화'는 가라앉았지만, 사실 그런 일이 없었어도 솔직하게 그의 영업 감각을 인정하고 질투하지 않았다면 좀 더 일찍 '화'라는 감정에서 벗어났을 것이다.

열등감의 대상은 사람마다 제각각 다르다. 태어날 때부터 가지고 있는 환경이나 겉모습, 재능을 질투할 수도 있다. 자신의 노력으로 바꿀 수 있는 것과 바꿀 수 없는 것이 있다.

바꿀 수 없는 것은 받아들이고 다른 부분을 열심히 단련하는 것으로 승화시켜 나갈 수밖에 없다.

특정 인물에 대한 화는 자신의 열등감이 무엇인지 알 수 있는 기회가 되기도 한다. 열등감을 객관적으로 파악하고 받아들이면 그 후의 인생은 더욱 살기 쉬워질 것이다.

1–08

나도 몰랐던 나 자신을 화내면서 발견한다

⇒ 화라는 것은 실패를 막고 커뮤니케이션을 원활하게 해 준다

화는 확실히 부정적인 감정이다. 하지만 결코 나쁘기만 한 것은 아니다. 화라는 감정이 '당신을 지켜준다'고 말한다면 어떤가? 믿어지는가?

사실 화라는 감정은 당신의 방어본능에서 온 신호이다. 화는 당신의 자존심을 지켜주거나 소중한 가치관을 깨닫게 해 주기도 하니까.

한 예로 불안이라는 감정에도 의미가 있다. 불안이 있기 때문에 어떤 준비를 하는 거니까. 장래에 대한 불안이 있으므로 공부를 하고, 높은 학력을 만들거나 일을 성실히 하여 생활비를 모으게 된다.

불안이라는 감정이 없다면 어쩌면 생명을 유지할 수 없다. 집에 보안이 잘 되어 있지 않으면 도둑이 들고, 전기나 불을 제대로 관리하지 않으면 화재가 일어난다. 어두운 밤길을 무방비로 걸으면 강도에게 습격을 당하거나 장애물에 걸려 크게 다칠 수도 있다.

'상황'에 대한 "화"는 자신의 예측과는 다를 때 일어난다. 자명종이 작동하지 않는 상황이 발생하는 것으로 자명종도 완전하지 않다는 것을 배울 수 있다.

상황에 감정(화)이 더해짐으로써 의미기억의 목적으로 뇌에 더욱 강하게 입력된다. 위기를 느낀 것으로 자명종을 하나 더 준비하거나 깨워줄 수 있는 사람에게 부탁하는 등 대비책을 내게 된다.

상황에 감정이 수반되지 않으면 사람은 바로 잊어버려, 같은 실수를 반복했을 것이다.

'사람'에 대한 감정은 커뮤니케이션을 원활히 하기 위해 필요하다.

보기에 따라 화는 커뮤니케이션을 파괴한다고 생각하기 쉽지만 사실 그렇지도 않다. 화라는 감정이 없다면 불리한 요구를 받았을 때 저항할 수 없다.

저항하지 않으면 요구가 점점 더해지며 그것을 받아들이면 상대방은 점점 부딪혀 온다.

불리한 요구를 받았을 때 '그런 요구는 받아들일 수 없어'라고 알려주는 것이 화라는 감정이다. 앞서 이야기했지만 특정 인물에 대한 화도 자신의 열등감이 어디에 있는지 생각할 기회를 준다.

또한, 화는 당신의 소중한 가치관을 알려준다.

예를 들어 패밀리 레스토랑에서 아이가 소란을 피우고 있을 때 '여기는 식사를 하는 곳이니까 부모님이 제대로 교육을 해야 한다'며 화가 난다면, 당신의 가치관은 '식사를 하는 장소에서 조용히 해야 한다'이다. 화가 당신의 가치관을 알려준 것이다.

'아이니까 조금 시끄러워도 어쩔 수 없다'고 생각한 사람은 같은 상황에서 화가 나지 않을 것이다.

후자인 사람도 다른 부분에서는 화를 낼 수 있다. 예를 들어 당신이 차고 있던 값싸 보이는 낡은 시계를 보고 친구가 "이제 그만 새로 바꾸는 게 어때?"라고 말한다면 어떨까?

사실 그 시계는 고등학교 입학 선물로 아버지가 사 주신 것이었다.

소중한 아버지의 선물을 낮게 본다고 생각해 화가 난다면 그건 아버지에 대한 마음을 소중히 하는 가치관을 따르고 있기 때문이다. 단순히 새로 사서 바꾸는 것이 귀찮아 사용하고 있는 것뿐이라면 화가 안 날 수도 있다.

양보할 수 없는 마음이 일어나는 것은 거기에 당신의 소중한 가치관이 있기 때문이다. 화가 나는 것은 '당신에게 있어 그것은 소중한 가치관이에요'라고 알려주는 기회다.

그 화를 어떻게 행동으로 연결하는가는 당신에게 달렸다. 욱하고 화내면 관계가 안 좋아지지만 자신의 가치관을 깨닫고 화를 해소할 수 있다면 긍정적으로 변할 것이다.

이렇게 화는 실패를 반복하지 않도록 사람 관계의 문제에서 자신을 보호하기 위한, 그리고 당신의 가치관을 알려주기 위한 소중한 신호다.

1–09

불편한 상황이 닥치면 물어보는 게 답이다

⇒ 자기 멋대로 오해에 빠져 진실을 놓치지 마라

단 한 번도 멋대로 생각해 누군가를 의심하거나 화를 낸 적이 없는 사람이 있을까?

질문이 담긴 메일의 회신이 좀처럼 오지 않는다며 화를 내고 있었는데 알고 보니 메일을 잘못 보내 전달되지 않았던 경험, 없었는가?

불교에서 전해져 오는 이야기가 있다.

젊은 농부가 온몸이 땀에 젖은 채로 작은 배의 노를 저어 강의 상류를 향해 가고 있었다. 그는 자신이 재배한 농작물을 전해 주기 위해 서둘러 가고 있었다.

그날은 매우 더웠고 농부는 빨리 전해 주고 어두워지기 전에 집으로 돌아가고 싶어졌다. 앞을 보자 다른 배가 그의 작은 배를 향해 빠른 속도로 내려오고 있었다. 그 배는 그가 탄 작은 배와 부딪칠 것처럼 보였다.

농부는 배를 피하려고 필사적으로 노를 저었지만 그다지 효과는 없었다. 그는 다가오는 배를 향해 소리쳤다.

"방향을 바꿔, 이 멍청이들! 부딪히잖아!"

하지만 소리쳐도 소용없었다. 이미 배는 큰소리를 내며 그의 배와 부딪혔다. 농부는 미칠 듯이 화가나 부딪혀온 배를 향해 소리쳤다.

"이 얼간아! 이렇게 넓은 강에서 왜 내 배에 와서 부딪히는 거야. 어디 모자란 자식 아니야?"

하지만 부딪혀 온 배 안에 아무도 타고 있지 않은 것을 보고 그는 깨달았다. 닻이 풀려 강에 흘러내려온 텅 빈 배를 향해 소리쳤던 것이다.

이 이야기의 교훈은 매우 간단하다.

당신이 제멋대로 화낸다 해도 상대방(이 이야기의 경우 배)은 아무것도 모른다.

이런 적이 있었다.

"요코야마 씨. 더 이상 저는 B씨 아래에서 일하는 건 무리입니다. 부서를 바꿔주세요."

당시 간부였던 나에게 찾아온 A씨는 혈색이 바뀔 정도로 꽤 흥분한 상태였다. 사정을 들어보니 상사인 B씨는 복도에서 인사를 해도 A씨를 무시한다고 했다. 전부터 A씨는 상사인 B씨와 잘 맞지 않았기 때문에 나에게 부서를 바꿔주기를 호소한 것이었다.

그러나 상사인 B씨의 말을 들어보니 그는 A씨와 복도에서 만난 사실조차 모르고 있었다. 두 사람 사이에서 다시 이야기를 나눠보니 서로의 감정에는 큰 차이가 있었다.

상사인 B씨는 부하 직원인 A씨의 능력을 높이 평가하고 있었고 매우 신뢰하여 중요한 일을 맡겼다고 한다. 하지만 A씨는 상사 B씨가 자신을 싫어하기 때문에 자신에게만 무리한 지시를 계속 내린다고 생각했던 것이다.

게다가 A씨는 'B씨가 나를 싫어하고 있다'라고 판단하고 있어서 복도에서 만났을 때도 상대방이 눈치 채지 못했을 뿐인데 '무시당했다'고 착각하고 상처받아, 거기서 화가 발전했다.

평소에 상대방이 자신을 알아봤는지 아닌지는 간단히 알 수 있다. 그럼에도 불구하고 '미움을 받고 있다'는 생각이 지배적이면 일을 냉정하게 판단할 수 없게 된다.

상대방에게 물어보는 것을 주저해 쓸데없는 망상을 하며 화로 발전시키는 사람이 많다. 놀라운 사실이다.

그러므로 불안이라는 감정이 생기면 우선 상대방에게 물어보는 것을 권한다.

동료가 아침부터 기분이 안 좋아 보여 화가 났다고 생각된다면?

"아침부터 아무 말도 하지 않던데, 무슨 일이야?"

"어젯밤부터 편도선이 부어서 말할 수가 없으니까 말을 걸어와도 대답을 해 줄 수 없는 게 미안해서 계속 눈을 안 보려고 하고 있었어."

자신만 회식에 초대받지 못해서 미움받고 있다고 생각된다면?

"오늘 회식, 왜 나만 초대 안 해 줬어?"

"○○씨는 월요일에는 항상 무언가를 배우러 가니까 안 올

줄 알았어."

"오늘은 휴강이야."

"정말이야? 잘됐네, 그럼 ㅇㅇ씨도 같이 가자."

"응."

이렇게 물어보면 아무것도 아닌 일이 많다.

혹시 정말로 무언가 문제가 있다면 과감히 바로 물어보고 오해를 풀어야 확실한 좋은 대책이 선다.

상황에 화가 난 채 있는 것보다 더 건설적이다.

화내기 전에 꼭 진실을 확인하자. 진실은 상대방에게 직접 묻지 않으면 알 수 없다.

MADE YOU LOOK

1–10

어떻게든 화를 해소하기로 결심한다

⇒ 화는 방치할수록 증폭된다

짜증이 나서 위가 아프거나 화가 나서 잠들지 못했던 경험이 있는가? 이럴 때는 '화는 손해야, 한심해', '화내도 어쩔 수 없잖아'라는 걸 알아도 쉽게 화를 해소할 수 없다.

나도 화가 나 잠이 들 수 없을 때 이제 그만 잊자, 빨리 자자고 생각하면 할수록 좀처럼 잠들지 못하고 더욱 화가 더해졌던 그런 경험을 한 적이 있다.

사람의 감정은 매우 복잡하기 때문에 본래의 문제를 해결하지 않고서는 화 그 자체를 해소하는 것은 어렵다.

'화'에는 한순간 폭발하고 시간이 지나면서 서서히 약해지는 특징이 있다. 이것은 자연스럽게 내버려 두어도 상관없다.

반대로 마음속 깊숙이 뿌리에 박혀 있는 '화'에는 대처가 필요하다. 마음속 뿌리에 있는 것을 방치하면 심신을 좀먹을 뿐만 아니라 인생이 좋은 방향으로 향할 수 없다.

'사람을 미워하는 것은 쥐 한 마리를 잡기 위해 집을 태우는 것과 같다'

미국의 신학자, 해리 에머슨 포스딕(Harry Emerson Fosdick, 1878~1969)의 말이다.

지인 중에 시어머니에 대한 화 때문에 인생이 엉망이 된 사람이 있었다. 그 사람은 누구를 만나더라도 시어머니에 대한 악담만 말하던 사람이었다. 너무나도 심한 악담을 쏟아냈기 때문에 결국 누구도 가까이하려고 하지 않게 되었다.

허리 통증이 심해 치료하러 간 병원에서 화가 원인이라는 진단을 받았음에도 화를 가라앉히기는커녕 더욱 시어머니에 대한 원망만 키우다가 결국에는 이혼을 했다. 그리고 나서 말년에는 정신질환으로 입원과 퇴원을 반복하며 외로운 인생을 보냈다.

그녀는 화의 대상을 시어머니로 삼고 겉으로는 시어머니를 공격하는 것처럼 보였지만, 사실은 자신을 공격하고 있었다. 화를 가라앉히는 것이 '상대방의 정당성을 인정하는 것이 된다'는 착각을 하고 있었던 것이다.

그리고 상대방이 나쁜데 왜 내가 양보해야 하느냐는 생각을 가지면서 상대방을 인정할 수 없게 되었다.

사람에 대한 "화"의 대처법은 앞으로 제2장 "때려치기 전에 화를 멈추는 10가지 기술"에서 자세히 살펴보겠지만, 화라는 감정을 계속 이어가면 심신에 나쁜 영향을 끼친다는 사실을 먼저 알았으면 한다.

해결법은 하나뿐이다.

스스로 화라는 감정을 평온하게 만들겠다는 결단을 내리자.

사람은 무언가를 결단하면 각오를 정하고 해결하려는 에너지가 샘솟는다. 반대로 결단하지 않으면 아무리 시간이 지나도 화의 원인을 자기 자신 밖의, 외부의 탓으로 돌린다. 그렇게 하면 해결에서 멀어질 뿐만 아니라 화만 더욱 증폭시키게 된다.

길게 이어진 화를 온화하게 하는 방법으로, '자신이 바뀌는 수밖에 없다'라는 각오를 해야 한다. 자신이 바뀌는 것은 지는 것이 아니다. 행복하고 의식 있는 삶을 살기 위해 자신을 바꾸는 것이다.

① 화를 가라앉힌다.

② 화의 원인과 마주한다.

③ 자신의 사고방식을 바꾼다.

이 세 가지의 각오를 새긴다면 인생은 분명히 좋은 방향으로 흐르게 된다.

제1장의 포인트

- 화의 정체는 생각의 차이다.
- 누군가에 대한 기대는 만족할 수 없는 것이다. 자신도 채울 수 없는 것이기 때문이다.
- 화의 정체는 주관적 편견으로 상대방을 평가하기 때문에 발생한다.
- 화의 원인은 의외로 다른 감정에 있을 수 있다.
- 화는 긍정적인 생활 에너지이다.
- 화의 원인을 타인의 탓으로 하지 않는다.
- 특정 인물에 대한 화는 열등감을 인정하는 것으로 가라앉힐 수 있다.
- 화는 실패를 막아주며 커뮤니케이션을 원활하게 해 준다.
- 진실 파악이 안 되어 불안할 때는 직접 확인한다.
- 화라는 감정을 유화하기 위해서 각오를 정한다.

제2장

때려치기 전에 화를 멈추는 10가지 기술

2-01

일단 그대로 받아들이면 기분이 조금 침착해진다

⇒ 용서하는 단계까지 가지 않아도 마음은 편안해진다

길을 걸어가고 있는데 현관을 청소하고 있던 사람이 갑자기 당신에게 물을 끼얹는다면 어떨까?

순간 '욱'이 올라와 "어딜 보고 물을 끼얹는 거야!"라며 소리치고 싶을 것이다.

이런 상황이라면 당신만 그렇게 생각하는 것이 아니다. 석가모니조차도 누군가 부딪혀 왔을 때 화를 낸 적이 있다고 한다. 석가모니도 참지 못하는 감정을 일반인인 우리들이 화를 온전히 참을 수 있을 리가 없다.

만담 중에 〈천재(天災)〉라는 이야기가 있다.

참을성이 없어 문제만 일으키던 연립주택에 사는 남성에게 어느 영감님이 깨달음을 준 이야기이다.

남성은 그날도 자신의 마음과는 다르게 행동하는 아내에게 화가 나 영감님이 있는 곳으로 가게 되었다.

영감님은 남성에게 물었다.

“길을 걸어가고 있는데 가게 점원이 물을 끼얹는다면 어떻게 할 건가?”

“점원을 때릴 겁니다.”

“지붕에서 떨어진 기와에 머리를 맞는다면 어떻게 할 건가?”

“그 집에 들어가서 행패를 부릴 겁니다.”

“그렇다면 갑자기 큰 비가 내려 온 몸이 젖게 된다면 어떻게 할 건가?”

“음…. 그건 어쩔 수 없죠. 그냥 맞아야죠.”

“하늘을 패거나 하지 않을 건가? 하늘에게 소리치지 않을 건가?”

“하늘에게는 싸움을 걸을 수 없으니까요.”

“그렇다면 가게 점원이 물을 끼얹는다 해도 하늘이 끼얹었다고 생각하게."

참을성 없는 남성은 의외로 그 이야기에 바로 수긍하고 이해했다고 한다.

이 이야기 안에는 화를 조절하는 교훈이 담겨 있다. 사소한 일에도 짜증이 나거나 화가 나기도 한다. 별것도 아닌 일인데도 짜증을 내고 시무룩해 한다. 마음대로 포기하는 것도 안 되며 마음 정리에도 시간이 걸린다.

한순간의 화는 그 아무리 석가모니라 해도 조절할 수 없는 것이므로 당연하다.

다만 화가 났다고 해서 화를 행동에 옮기는 것은 도움이 되지 않는다.

우선 당신이 유쾌하지 않다고 생각되는 일을 한번 받아들여 보라.

화를 다스리고 모든 상황을 용서하라는 뜻이 아니다. 단지 '어쩔 수 없이 이미 일어난 일'이라는 사실을 받아들여 보자. 그러고 나서 자기 자신에게 말해 보자.

"일부러 그런 게 아니야."

"저 사람은 악의가 없었어."

"반대로 그 처지가 된다면 나도 똑같이 했을지도 몰라."

상대방의 행동을 용서하는 단계까지 가지 않아도 받아들이는 것만으로 마음은 편안해진다. 그리고 조금 침착해지면 '화'를 계속 내도 좋은 점이 없다는 것을 깨달을 것이다.

2-02

짜증이 났다면 들숨 날숨을 반복하자

⇒ 새로운 감정에 의식이 마주하다

'짜증'을 행동으로 표출하는 것이 실제로 효과가 있을까?

짜증을 유발한 사람을 째려보다가 오히려 서류나 문, 물건에 부딪혀 나중에 후회한 경험이 있는가? 부끄럽지만 나는 몇 번이나 있었다.

여기 한 가지 흥미로운 실험 결과가 있다.

일반적으로 생각하기에 화라는 감정을 발산하는 데 '베개를 때린다', '큰소리를 지른다', '발을 구른다' 등 예부터 전해져 온 행위는 효과가 있을까?

2002년에 아이오와 주립대학의 심리학과 브래드 부시맨(Brad

Bushman) 교수가 6,000명의 학생을 대상으로 실험을 했다.

어느 방법을 사용하여 학생들에게 화라는 감정을 심어준 후 두 그룹으로 나누어 한 그룹의 학생들에게는 복싱 글로브를 주고 샌드백을 치게 했다. 다른 그룹에게는 2분간 방 안에서 조용히 앉아 있게 했다.

그 결과 맹렬한 기세로 샌드백을 때린 그룹은 한 층 더 공격적이게 되었다. 다른 방법으로 실험해 보아도 결과는 같았다. 샌드백을 때리거나 큰소리를 지르는 게 화나 스트레스 해소에는 효과가 없었던 것이다.

한순간의 '욱'하는 감정의 화는 짧은 시간 안에 가라앉는다. 그러나 크게 소리를 지르거나 샌드백을 때리면 잦아들기 시작했던 화가 다시 타오른다.

샌드백을 때려도 크게 소리를 질러도 화를 진정시킬 수 없다면 어떻게 해야 할까? "화"에서 한 발 떨어져 행동해야 한다.

유쾌한 영화 보기, 강아지와 놀기, 어려운 퍼즐 맞추기, 친한 친구와 밥을 먹기 등으로 기분을 다른 곳으로 분산시키자.

사람은 두 가지의 감정을 동시에 품을 수 없다. 화에 쫓기는 것이 아니라 다르고 새로운 감정에 의식을 돌리는 것으로 오래된 화의 감정은 가라앉을 수 있다.

또한 실행한 즉시 효과를 볼 수 있는 것은 심호흡이다. 사람의 뇌는 행동에 영향을 받는다. 화가 난 상태일 때 호흡은 얕고 빠르다. 이것은 또한 긴급상황일 때의 상태와도 같다. 뇌는 긴급상황인 줄 알고 그에 맞는 대비를 시작할 것이다.

반대로 심호흡은 느긋하고 깊은 호흡이다. 이것은 긴장이 풀렸을 때의 상태이므로 뇌는 편안한 감정에 이끌리게 된다.

어쨌든 한순간 일어난 '짜증'에는 무엇보다 먼저 심호흡을 하자.

그리고 조금 침착해졌다면 당신이 좋아하고, 재미있어하는 일을 하자. 모르는 사이에 화라는 감정이 점차 정리되어 가는 것을 실감할 것이다.

2-03

쉽게 풀리지 않는 화도 종이에 적어보면 잘 풀린다

⇒ 괴로운 경험이라도 긍정적으로 받아들인다

화에는 '한순간의 화'와 '길게 안고 있는 화', 두 가지가 있다.

한순간의 화는 앞서 이야기했듯이 심호흡을 하거나, 화에서 떨어져 즐거운 것을 하면 효과적으로 가라앉힐 수 있다.

부모님이나 친구가 당신에게 저지른 일을 용서하지 못하고 오랫동안 끌고 있는 일, 하나씩 있지 않은가? 오랜 기간이 지나도 용서할 수 없는 일은 누구라도 한두 개 정도 가지고 있을 것이다.

깊게 상처받은 경험은 머릿속에 새겨져 용서하는 것도 잊는 것도 어렵다. 다음의 실험은 용서하지 않아도, 잊어버리지 않아도 되는 제3의 방법을 알려준다.

마이애미대학의 심리학과 마이클 맥쿨러프(Michael McCullough) 교수와 연구진은 다음과 같은 실험을 했다.

먼저 학생 300명에게 오래 안고 있는 화에 대한 체험을 쓰게 했다. 학생들은 배신, 모욕, 절교부터 무시까지 과거에 경험한 일들을 적었다. 그리고 학생들을 세 개의 그룹으로 나누었다.

첫 번째 그룹에게는 그때 자신이 어떻게 화가 났고 얼마나 안 좋은 영향을 받았는지에 관해 쓰게 했다.

두 번째 그룹에게는 체험으로 인해 얻은 도움을 쓰게 했다. 예를 들어 그 경험 덕분에 이전보다 강하고 현명한 사람이 되었다는 것 등을 떠올려보게 했다.

세 번째 그룹에게는 단순히 다음 날의 예정만을 쓰게 했다.

실험 결과, 도움이 되었던 것을 적은 두 번째 그룹은 화나 불쾌감이 대폭 감소했다. 자신에게 상처를 주었던 상대방을 용서하고자 하는 감정이 강해지면서 갚아 주겠다는 감정은 줄어든 것이다.

좋지 않은 경험 가운데서 도움이 되는 면을 찾는 것은 현실과는 동떨어져 보이지만 많은 실험에서 효과가 검증됐다.

괴로운 경험에서 좋은 점을 발견하면 부정적인 경험이 긍정적인 경험으로 바뀐다.

부디 유쾌하지 않은 마음이 들었을 때 싫은 경험에서 얻은 도움이 되는 면과 그 경험으로 인해 일상생활에서 더욱 좋아진 점을 감추지 말고 솔직하게 종이에 써 보자.

다음과 같은 사례가 있다.

- 전보다 강한 사람이 되었다.
- 전보다 내 인생이 소중하게 느껴지게 되었다.
- 전보다 사람을 대할 때의 마음 씀씀이가 깊어져 누군가를 용서할 수 있게 되었다.

괴로웠던 경험에서 도움이 되었던 면을 찾는 것으로 인해 싫은 경험을 오래 끌고 가지 않고 인생을 긍정적으로 살 수 있게 된다. 갚아주는 것은 백해무익하다.

성공한 자라고 평가되는 사람들은 수만 가지 일들에 관해 원망을 하거나 탄식하지 않고 자신의 시련이라고 받아들이며 경험을 스프링 삼아 성공에 활용한다.

이제부터라도 그렇게 살아가는 것이 더 이롭지 않을까?

2-04

누군가에게 무엇을 해 줄 때는 보답을 기대하지 않는다

⇒ 기대한 대답이나 행동이 돌아오지 않으면 사람은 화를 가지기 쉽다

"화"의 원인은 70% 이상이 인간관계에서 일어난다. 그 중에서도

- 상대방이 당신에게 무엇을 했을 때
- 상대방이 당신에게 무언가를 하지 않았을 때

이 둘 중 하나를 이유로 화는 발생한다. 매우 모순적이지 않은가?

상대방이 당신의 기대에 못 미쳤을 때나 기대한 대로 대답이

나 행동을 하지 않았을 때 화는 끓어오른다. 이것은 모든 사람의 공통 심리이다.

지인인 C사장이 회사 실적이 좋아 전 직원에게 하와이 여행을 선물했다. 하지만 자신에게 감사 인사를 한 직원이 한 명도 없었다고 했다. 그래서 화가 났고, 그 하소연을 나에게 털어놓은 적이 있다. C사장은 직원들이 기뻐하며 감사하다고 인사할 것을 기대했던 것이다.

직원들이 감사 인사를 하지 않은 이유는 모른다. 단순히 감사 인사를 하기가 부끄러웠을 수도 있고, 자신들이 노력해서 회사의 실적을 높였으므로 보상을 받는 것이 당연하다고 여겼을 수도 있다. 어쩌면 하와이 여행보다 시급 보너스를 기대했을 수도 있다.

사장으로서 직원들에게 감사의 마음을 담아 여행을 보내 주는 행위는 멋진 일이다. 문제는 답례를 기대한 것이다. 모처럼 좋은 일을 했는데 상대로부터 어떤 답례를 기대했다가, 기대에 미치지 못해 화를 안게 된다면 아깝지 않은가.

아이다 미츠오*의 글 중에

당신에게
해 줬는데
『는데』가 붙으면
불평이 나온다

라는 명언이 있다.

불교에서는 '무주상보시(無住相布施)'라는 말이 있다. '상(모양)에 머무르지 않는 보시'라는 뜻이다.

상에 머무르지 않는다는 것은 내가 누군가에게 베풀었다는 생각조차 버리는 것을 의미한다. 보시는 불교에서 남에게 베풀어주는 행위를 말한다.

착한 일을 행하였다고 스스로 자각 하는 순간 나에게는 자만심과 자긍심이 생겨나므로 그것을 경계하라는 말이다.

---

* 아이다 미츠오(相田 みつを, 1924~1991)는 일본의 시인으로, 잠언 형식의 글이나 평이한 시를 독특한 서체로 그린 작품이 유명하다.

당신이 타인에게 무언가를 해 주었을 때는 감사를 기대하지 않고 행위 그 자체로 완결해야 한다.

상대방의 행동은 자신의 힘으로 제어할 수 없다. 제어할 수 없는 것으로 화내는 것은 내 속만 상할 뿐이다.

2–05

미리 자신이 원하는 것/ 기대하는 것을 말해 두자

⇒ '일부러 말하지 않아도 상대방은 알아 줄 거야'라는 생각은 오해의 근원이다

상사가 당신의 이야기를 들어주지 않아 서운했던 적이 있는가? 상사에게 당신이 바라는 대답을 얻지 못해 실망한 적은 없는가?

상사나 동료가 나에 대해 알아주지 못했을 때나 기대하는 대로 반응해 주지 않았을 때 '화'의 감정이 올라올 수 있다. 이런 상황을 '상대방이 나쁘다'로 정리해 버리면 '화'는 더욱 증폭된다.

SBI그룹에서 간부로 있었을 때의 일이다.

유능한 관리직원 D씨가 있었다. 일은 잘 하지만 나에게는 언제나 반항적인 태도를 보였다. 나의 농담에 모두가 웃는데도 D씨만이 무표정이었다. 그러는 동안 D씨와 마주하는 것이 불편해지기 시작했다.

결국 D씨는 사직서를 제출했다. 이직할 회사도 정해져 있었기 때문에 말릴 수가 없었다. 나는 마지막 기회라고 생각해 D씨에게 그동안 왜 반항적인 태도를 보였는지 솔직히 알려 달라고 물었다.

그러자 D씨는 눈물을 보이며 내가 D씨에 관해 전혀 평가해주지 않고 의견만을 말하는 것에 대한 불만을 가졌다고 털어놓았다. 아마도, D씨는 기획서의 감상을 나에게 물었으나 내가 일반론으로 말을 했나보다. D씨는 '내 기획이 엉망인가'하며 몇 번이고 침울했다고 한다.

나는 그 말을 듣고 매우 놀랐다. 그동안 D씨의 질문에서 기대하는 것이 무엇인지 알지 못했기 때문이다.

"○○에 대한 계획서는 어떻게 쓰면 좋을까요?"라는 D씨의 질문에 나는 ○○에 관해 이야기했다. 그러나 D씨가 듣고 싶었던 말은 자신이 제출한 계획서의 감상이었던 것이다. 나는 그 말을 듣고 너무나도 유감이었다.

D씨가 솔직하게 "어제 제출한 계획서에 대한 의견을 주세요."라고 말해 주었다면 나는 우수한 부하 직원을 잃지 않았을지도 모른다.

D씨와의 사연에는 소중한 교훈이 담겨 있다.

자신이 기대하고 있는 것을 미리 밝혀 두는 것의 중요함이다.

말하지 않아도 알아주겠지 라고 생각하겠지만 착각이다.

D씨의 경우에도 이렇게 말하면 알아주겠지 라며 기대하고 멀리 돌려 묻는 태도를 취했다. 하루에도 수많은 계획서가 들어오기 때문에 나는 D씨의 본의를 눈치 채지 못했다.

당신도 부끄러워하지 말고, 번거롭다고 생각하지 말고 자신이 기대하는 것을 주변에게 전하라.

"저는 ○○에 참여하고 싶어요."

"저는 ○○에 관해 알고 싶어요."

이렇게 기대하는 것을 밝히는 것은 오해를 피하기 위해서도 중요하다.

다만 그다지 친하지 않은 상대방에게 갑작스럽게 기대를 밝히는 것은 억지스러운 사람이라는 인상을 남길 수 있으므로 주의가 필요하다.

또한 기대를 밝히는 일은 자연스럽게 해야 하며, 감정적인 상태에서는 밝히지 말아야 한다.

2-06

‘이성적이지 않은 사람’의 비판은 신경 쓰지 않는다

⇒ 나를 비판할 만한 인물인지 아닌지 파악한다

타인에게 받은 비판에 순간적으로 ‘욱’한 적이 있는가?

타인의 비판은 신경 쓰이기 마련이다. 비판을 당하는 그 누가 기분이 좋을 수 있을까.

나는 젊었을 때, 타인에게 받는 비판에 너무 신경을 써 십이지장궤양으로 입원한 적이 있다. 그때 같은 병실에 있던 반대편 침상의 어르신에게 고민을 털어놓았다.

“당신을 비판한 상대방은 아무렇지 않게 지금쯤 맥주를 마시면서 프로야구를 보고 있다네.”

어르신의 대답을 듣고 고민하던 내가 너무 한심하게 느껴졌다.

이솝우화 중 이런 이야기가 있다.

아버지와 아들이 시장에 갔다. 아버지가 당나귀에 타고 아들은 걷고 있었다. 그러자 지나가던 사람이 "이런 더운 날에 아들을 걷게 하고 있어."라며 아버지를 비난했다. 그 말을 들은 아버지가 아들을 당나귀에 태우고 자신은 걸었다.

그러자 이번에는 "나이 드신 분을 걷게 하다니 불효자식이군."이라며 사람들이 혀를 찼다.

다음 날 두 사람은 당나귀를 끌며 걸어갔다. 이 모습을 본 사람들은 "당나귀는 타는 거라는 걸 모르나 봐."하며 바보 취급했다.

두 사람이 당나귀를 타고 가자 사람들은 "세상에 당나귀를 대하는 태도가 심하네."라고 쓴소리를 했다.

결국, 아버지와 아들은 당나귀를 등에 메고 시장을 지나가 모두에게 바보 취급을 당했다.

이 이야기를 통해 알 수 있듯이 타인은 자신의 기준에서 말하고 싶은 걸 말한다. 타인의 의견을 신경 쓰다 보면 아무것도 할 수 없다. 비판을 받아 '욱'하는 기분이 쌓이면 심신의 상태는 더 나빠진다.

나의 경우처럼 타인의 의견을 너무 신경 쓰다가 병에 걸리면 나만 손해다.

타인의 비판에 대한 대처 방법으로는 상대가 나를 비판할 가치가 있는 인물인지 아닌지 파악하는 것이 있다.

나를 입원으로 몰고 간 상대는 회사에서 평판이 좋지 않았다. 이 세상에는 안타깝지만 타인을 비판하는 것으로 자신의 가치를 올리려고 하는 사람이 있다. 이러한 사람은 특정한 계층에 악의가 있는 것이 아니라 스스로에 자신감이 없다.

당신이 상대방의 언행에 신경질적으로 될수록 상대는 자신감을 붙인다. 그러면서 자신의 의견이 옳다고 착각한다. 그러므로 당신은 스스로에 자신감을 가지고 상대의 술수에 빠지지 않도록 현명해지길 바란다.

석가모니는 "이성이 있는 사람에게 비판받지 않도록 노력하라."라고 말했다. 다시 말하면 "이성이 없는 사람이 말하는 것은 신경 쓰지 말고 흘려보내라."라는 의미로 볼 수 있다.

타인의 비판에 반성해야 하는 점이 있다면 개선하고 그렇지 않으면 그냥 흘려보내자.

2–07

언제나 화가 나 있는 상사 대처법

⇒ 인정욕구로 가득한 사람을 대하는 대처법

주변에 화로 가득 찬 사람이 있는가? 유감스럽게도 내 주변에는 하루 종일 노골적으로 화를 내는 사람이 있다.

나의 전 부하 직원인 E씨도 하루 종일 화가 나 있는 유형의 사람이었다. 자신의 부하 직원뿐만 아니라 다른 부서의 후배에게도 큰소리를 내며 혼낸 적도 있다. 몇 명의 직원들은 E씨가 화로 인한 행동을 그만했으면 좋겠다는 직접적인 호소를 해오기도 했다.

결국에는 E씨 부서의 영업성적이 떨어지면서 책임을 지는 형태로 다른 부서로 이동하게 되었다. 항상 화를 내고 있으므로 덩달아 다른 직원들의 사기도 저하되었으니 성적이 침체한 것은 어느 정도 당연해 보인다.

그렇다면 E씨는 왜 화를 낸 걸까?

그것은 '자신을 평가해 주었으면 한다'는 욕구의 표현이었다. 자신에 대한 자신감이 있다면 항상 화를 낼 필요가 없다. 또한, 화를 내고 있는 동안에는 자신이 달라진 듯한 착각에 빠져 기분이 좋아졌을지도 모른다. 다만 그 감정은 한순간의 것으로 그대로 자기혐오에 빠지는 사람도 많다.

하루 종일 화가 가득 찬 사람이 당신에게 비난의 화살을 쏘려고 할 때 대처법이 두 가지 있다.

① 흘려보낸다.

② 시간을 둔 후 당신의 기분을 전한다.

①번의 경우는 '스스로에 대한 자신이 없으므로 화를 내는 거야'라고 자신을 타이르며 감정적으로 대응하지 말고 흘려보낸다.

②번의 경우는 상대가 냉정해졌을 때 "조금 전 과장님의 말씀 말입니다만, ○○라는 의미로 받아들여도 괜찮을까요?"라며 상대방이 말한 말을 다시 말하며 물어본다.

그 사람도 냉정해지면 부당하게 선을 넘어 말했다는 것을 반성할 수도 있기 때문이다.

혹은 "○○라고 말씀하셨는데 저는 이러한 이유로 이렇게 생각합니다."와 같이 구체적인 제안을 해 보는 것도 하나의 방법이다.

화를 내고 있을 때는 귀를 꼭 닫고 내 말을 안 들어주더라도 시간이 지난 후에는 귀를 열어줄 가능성이 생긴다. 또한, 말한 것을 상대가 받아들이지 않는다 해도 입 밖으로 말했으므로 당신의 스트레스는 줄어들 것이다.

어느 쪽이든 상대가 화내고 있을 때는 침묵하는 것이 무난하다.

①번의 방법을 권하기는 하지만 언제나 ①번의 대응만 하게 된다면 상대가 당신을 가볍게 대하거나 당신의 스트레스도 쌓이게 되므로 적절한 시기를 보며 ②번의 방법도 시험해 보자.

말할 때는 상대방을 비난하는 것이 아니라 어디까지나 당신의 기분을 전하는 방법을 취해야 한다.

반론의 경우에는 구체적인 데이터 등으로 설명하는 쪽이 좋을 것이다.

언제나 화내는 사람이 상사나 부모님, 배우자처럼 심리적이나 물리적 거리가 가까운 경우라면 어렵겠지만, 거리를 둘 수 있는 관계라면 아예 거리를 두는 것도 좋은 방법이다.

2-08

자신에게 있어 예민한 부분은 참지 말고 확실히 말해 두자

⇒ 화를 참아 두면 언젠가 폭발한다

나는 샐러리맨이었을 때, 비교적 온순한 성격이었다(나 혼자만의 생각일 수도 있다). 그러나 한 번 화를 내면 손 쓸 수 없을 정도로 무서웠다고 한다.

원인을 생각해 보면 장기간 참아왔던 것이 어떠한 계기로 한 순간 엄청난 크기의 화가 터져 나왔기 때문인 듯하다.

상대방의 입장에서는 일어난 일에 비해서 나의 화가 과민하게 보였을 것이다. 나에게는 지금까지 참아왔던 것을 포함해 묵혀왔던 화가 폭발했던 것인데 말이다.

당신도 인내의 한계를 느껴 화를 낼 때가 있지 않은가?

약 10년 전, 사회적으로 개인정보의 관리가 매우 엄격해지던 때였다. 지금까지의 습관을 크게 바꾸지 않으면 안 되는 상황이 많았다.

나는 개인정보관리의 책임자로서 매우 신경질적인 성격이 되어 직원들의 책상 위에 개인정보가 아무런 가림 없이 개방되어 있으면 기분이 너무 나빠졌다. 하지만 악의가 없는 부주의였다고 생각해서 엄하게 주의를 주지는 않았다.

그러던 어느 날, 사무실 복사기에 개인정보가 방치된 것을 발견했다. 지금까지 참아왔던 화가 한꺼번에 터져 나왔고 실수를 한 F씨를 큰소리로 혼내고 말았다.

그러한 상황에 직원들 모두 매우 놀랐다. 이전까지는 엄하게 주의를 준 적이 없었는데, 갑자기 격하게 화를 냈기 때문에 당연한 반응이었다. 괜히 혼난 F씨에게는 여러 해가 지난 지금도 미안한 마음이 가득하다.

이런 경험에서도 알 수 있듯이 참기만 하면 어느 순간 한계가 온다. 반응을 보이지 않고 참기만 하면 상대에게는 전해지지 않는다. 참는다는 것은 자신의 기분이나 감정을 눌러 죽이는 행위이다.

앞서 '자신의 기대를 밝혀라'라는 말을 했는데, 나의 경우에도 부하 직원에게 밝혔어야 했다.

"개인정보는 돈과 같이 소중하고, 맡긴 자산이니까 소중히 신중히 다루어야 하네."

이렇게 평소에 전해 두었더라면 복사기에 개인정보를 두고 잊은 F씨에게 큰소리로 화를 낼 필요는 없었던 것이다. 좀 더 자세히 말하면 평소에 밝혀 두었다면 F씨도 복사기에 두고 잊는 실수는 하지 않았을 테니까.

그렇다면 평소에 일어난 모든 일에 대해서 참지 않고 발언해야 하는가, 그것은 아니다. 모든 상황에 참지 않고 말하고 싶은 것을 말한다면 커뮤니케이션이 좋게 진행될 수 없다.

자신에게 있어 중요도가 높은 것, 소중하게 여기고 있는 것이 묵인되고 있는 경우에만 참지 말고 자기 생각이나 삶의 방식을 제대로 전해야 한다.

일이 벌어진 후에 화를 내기보다는 일이 벌어지기 전에 주의를 전하는 것이 최상이다.

2-09

때로는 이기적 용서가 답이다

⇒ 가공의 편지를 쓰거나 긍정적인 말을 하라

앞서 자신에게 소중한 사항은 참지 말고 조금 내비치는 편이 좋다고 했다. 참음으로 인한 폐해도 잘 설명되었길 바란다.

이번에는 특정 인물에 대한 화에 관해 살펴보겠다.

같은 행동을 해도 다른 사람이라면 그다지 화가 나지 않았을 텐데도 특정 인물에게만 민감하게 반응한 적 있지 않은가?

나는 젊었을 때 특정 상사에 대한 화가 솟구쳤던 적이 있다. 지금은 왜 그 상사에게만 그렇게 반응했는지 이유도 생각나지 않는데 말이다.

이러한 경우에는 '용서'가 효과적이다(너무 당연해서 지겨울지도 모르겠다). '용서'는 자신의 감정을 개방하는 것이고, '인내(참음)'는 감정을 닫아 감추는 것이다.

이해하기 힘든 억지스러운 상대를 용서하다니, 지는 것만 같은 기분이 들어 저항심이 들 수도 있겠다. '싫은 상대를 용서하다니 할 수 없어'라는 기분은 잘 안다.

여기서 한 가지 이해해 주었으면 하는 점이 있다. '용서'는 상대를 용서하는 것이 아니다. 자신을 용서하는 것이다.

용서는 상대방을 위한 것이 아니라 자신을 위한 것이다.

나는 진짜 좋은 사람이 특정 인물을 용서하지 못해 행운을 놓친 안타까운 사례를 많이 보았다. 여기에는 나도 포함된다.

상사를 용서하지 못해 우울증에 걸린 사람, 시어머니의 행위를 용서하지 못해 오랜 시간 허리통증에 괴로워하던 사람, 어머니를 용서하지 못해 인생을 헛되이 보낸 사람.

'화'나 '미움'은 부정적인 에너지이다. 이것을 품고 있다면 행운이 찾아올 리가 없다. 우선 자신을 위해 '용서'하기로 마음을 단단히 먹자. 그리고 결단했다면 행동으로 옮기자. 말로 직접 "나는 ○○○을(를) 용서한다."라고 소리를 내라. 종이에 쓰는 것도 효과적이다.

여기까지 해냈다면 절반 이상 '용서'를 달성한 것과 마찬가지다.

용서의 편지를 쓰는 것도 매우 효과가 좋은 수단이다. 편지를 실제로 보낼지 아닐지는 중요하지 않다. 용서의 편지를 쓰고 그것을 받아 보는 상대방을 상상하는 것만으로도 효과가 있기 때문이다. 다만 무리 되지 않는 범위에서 서서히 진행해야 한다. 아직 용서할 준비가 되지 않았는데 용서하는 척 편지를 적는 것은 효과가 없다.

마지막으로 내가 실제로 했던 방법을 소개한다.

전 직장에서 부하 직원에게 급여의 삭감 소식이나 본인이 원치 않는 부서 이동을 통보해야만 했던 적이 몇 번 있었다. 그러다 보니 직원 중에는 다음 날부터 노골적으로 나를 피하는 사람도 있었다.

나는 매일 아침, 명상할 때 "나는 A씨를 엄청 좋아합니다. 그러니까 A씨도 나를 매우 좋아합니다." 이 말을 주문 삼아 거울

앞에서 복창했다. 그 결과 사람에 따라 걸리는 시간은 달랐지만, 명상을 한 사람들과는 그 뒤로도 모두 양호한 관계로 돌아갔다.

이것이 엄청난 주문이거나 엄청난 비법은 아니다. 그러나 나를 긍정적으로 바꿔주는 말을 하는 것으로 자신 안에서 정화가 되어 어색해졌던 직원과 회사의 복도에서 마주칠 때도 호의가 담긴 인사를 할 수 있게 된 것은 분명하다.

시간이 좀 걸리지만 당신의 호의는 분명 상대방에게 전달될 것이다. 내가 직접 체험했으므로 정확하다고 단언할 수 있다.

2–10

실수를 인정하면 화의 반응도 바뀐다

⇒ 패턴을 바꾸자

같은 말이나 태도라도 특정 사람에게만 유독 더 짜증 날 때가 있다. 대하기 힘든 상대는 분명 당신이 듣기 싫은 말로 공격해 온다. 이 함정에 빠지면 서로 빠져나오기 곤란하다.

여기에는 전 회사의 경리담당인 G씨와의 사연이 있다.

"어째서 언제나 같은 실수를 하는 건가요? 이런 실수를 하는 사람은 요코야마 씨뿐이라고요!"

나는 이 "요코야마 씨뿐"이라는 말투에 울화가 치밀었다. 문서에서 날짜가 빠졌을 경우 사과하고 수정만 하면 되었다. 그런데 나는,

"이렇게 조그마한 테두리면 누구라도 알아차리지 못했을 거야, 틀렸을 거라고."

변명하듯 말했다. 그러자 그녀는 더욱 심한 말로 대답했다.

"아니요. 다른 분들은 제대로 기재해 주시고 있습니다. 요코야마 씨뿐이에요. 자기 자신의 실수를 인정하지 않는 거 아닌가요!"

이해할 수 없는 나는 더욱 심각해졌다.

"그런 게 아니야!"

G씨도 감정이 폭발했는지 말을 무시하고 나에게 전표를 되돌려주곤 자리를 떴다.

이러한 관계가 되자 상대방이 싫어하는 말을 찾아서라도 공격하고 싶어졌다.

어느 날 G씨가 동료인 H씨에게도 나에게 했던 말과 똑같은 말을 했다.

"전표의 기재가 잘못되어 있어요. H씨뿐입니다, 이런 실수는!"

그러자 H씨는

"어? 저만 그런가요? 죄송합니다. 다음에는 조심하겠습니다."

그러자, 놀랍게도 G씨는 미소를 지었다.

"괜찮아요. 제가 수정해 둘게요."

특정한 상대방의 특정한 말에 오래도록 화가 나는 것은 자신도 똑같이 대응했기 때문이다. 나의 경우에도 반론하지 않고 H씨와 같이 사과했더라면 상대방의 반응도 조금은 바뀌었을 것이다. 상대방의 화에 반론하면 분명 상대방도 화를 내며 자기 정당성을 주장해온다.

상대가 정당한 주장으로 공격해온다면 일단 상대방의 말을 받아들이자.

"그렇네요."

"정말, 그랬었군요."

"알겠습니다, 조심하겠습니다."

이렇게 상대방의 의견을 받아들이면 상대방의 반응은 바뀐다. 적어도 반론하는 것보다 좋은 결과를 얻을 수 있다. 상대방의 의견을 받아들이는 것은 진다는 것을 의미하지 않는다. 커뮤니케이션을 원활하게 하는 가장 좋은 수단이다.

제2장의 포인트

- 우선 일어난 일을 그대로 받아들인다.
- 짜증이 난다면 심호흡을 한다.
- 오래된 '화'는 장점을 종이에 적어 좋은 감정으로 바꾼다.
- 누군가에게 무언가를 해 줄 때는 보답을 기대하지 않는다.
- 미리 자신이 기대하는 것을 밝혀 둔다.
- 이성이 없는 사람의 비판은 신경 쓰지 말고 흘려보낸다.
- 언제나 화가 나 있는 사람은 인정받고자 하는 욕구가 만족되지 않은 사람이기 때문에 상대방의 화를 흘려보낸다.
- 자신이 특히 예민한 부분에 관해서는 참지 말고 제대로 의견을 전한다.
- 특정 인물에 대한 화는 가공의 편지를 쓰거나 말을 함으로 인해 한결 가벼워질 수 있다.
- 나의 실수를 받아들이면 상대방의 반응이 변한다.

제3장

직장의 부당함에 화내지 않고 온화하게 일하는 8가지 기술

3-01

화내는 상사에게 휘둘리지 않고 효율적으로 흘려듣는 법

⇒ 제3자가 되어 관찰하면서 적절한 거리감을 확보한다

비즈니스맨의 '화'에 대한 상담 중 가장 많은 부분을 차지하는 것은 부당한 이유로 혼을 내는 상사 대처법이다. 일을 하면서 소리치는 상사와 만나지 않은 사람은 럭키! 매우 행운아이다. 대부분의 경우 적어도 한두 번은 소리치는 상사를 경험했을 것이다.

나는 많은 상사에게서 큰소리를 듣고 혼났다. 가장 크게 혼났던 기억은 만담가인 쇼후쿠테이 쇼카쿠 스승님에게 혼났던 때이다. 당시 나는 초등학교 6학년의 나이였고, 쇼후쿠테이 쇼카쿠 스승님의 제자로 오사카에서 프로 만담가로 활동했다.

그리고 서문에도 밝혔듯이 같은 스승님의 곁에는 나보다 3개월 늦게 입문한 쇼후쿠테이 츠루베 씨가 있었다. TV에서 인기를 끌고 있는 사람이고, 나의 후배이다. (그 시절의 에피소드는 지금도 츠루베 씨가 텔레비전이나 라디오에서 말하곤 한다. 초등학생의 건방진 선배가 있었다고.)

쇼카쿠 스승님에게는 정말 자주 혼났다. 만담가이기 때문에 목소리가 크고 힘이 아주 대단해서, 익숙해지기 전까지는 무척이나 무서웠다.

나보다 더 많이 혼났던 사람이 츠루베 씨이다. 하지만 츠루베 씨는 아무리 스승님에게 혼나도 익살스러웠고 밝았다. 오히려 스승님에게 혼난 이야기를 소재로 주변 사람들에게 친근감을 얻기도 했다.

부당한 이유로 상사에게 혼났을 때 대처법은 익숙해지는 것이 가장 좋다. 물론 틀린 일에는 반성해야 한다. 하지만 필요 이상으로 질책을 받는다면 몸도 마음도 남아나지 않을 것이다.

그렇다고 해서 정면으로 상사에게 반론을 펼치는 행위는 불이익을 초래한다. 유감스럽지만 화내는 상사를 조용히 만들 방법은 없다.

츠루베 씨처럼 혼나도 기죽지 않고 웃음으로 바꾸는 것은 어려운 일이다. 하지만 마음을 다잡고 냉정하게 상사의 언행을 관찰하는 것을 연습해 보자.

상사가 큰소리를 냈을 때 '싫다', '도망치자'라고 생각하면 공포감이 들기 때문에 냉정해지기 위해 제3자가 되어 상대방을 관찰해 보자.

나의 경우에는 마음속으로 생방송 중계를 한다.

상사가 화내기 시작하면

"또 시작됐다. 집에서 사모님이랑 사이가 안 좋았기 때문에 여기에 풀고 있구나. 그래, 책상을 치기 시작했다. 다음에는 쓰레기통을 발로 찰지도. 앗싸-. 정답. 애꿎은 쓰레기통이 굴러가기 시작했다……."

이 방법은 효과가 있다. 무엇보다 자기 자신의 마음을 지키는 것이 가능하다.

상사에게 혼나지 않으려 벌벌 떨어도 별도리 없다. 차라리 상사에게 혼나는 것에 익숙해져야 한다.

물론 반성해야 하는 일이 있다면 반성하는 기회로 삼도록 하자.

3-02

부당한 지시에 즉시 욱하지 말고 미래를 위한 수행이라고 생각하며 견뎌본다

⇒ 견디지만 참지는 않는다

부당한 상사의 태도에 분노를 느껴본 적 없는 사람이 있을까? 회사생활을 하다 보면 많은 사람이 한 번씩 고민하는 문제이다.

사회인은 아니지만 만담가들도 비슷한 부당한 일을 겪는다. 한 실화가 있다.

한 제자가 스승을 도톤보리에 있는 카도자라는 극장에 차로 모셔다드리며 생긴 일이다.

스승이 갑자기,

"여기서 좌회전."이라고 명령하였다.

"스승님. 여기는 일방통행이라 꺾을 수 없습니다."

"상관없어. 내 명령이야."

"네!"

일방통행인 길을 역주행하자 전방에서 순찰하던 경찰이 와 차를 멈춰 세웠다.

그러자 스승이 차에서 내려 경찰에게

"미안합니다. 저는 말렸습니다만 이 녀석이 자기 멋대로 갑자기 끼어들어서……."

"…… (앗)."

앞서 언급한 츠루베 씨도 그렇지만, 왜 그 만담가는 부당한 요구에도 반항하지 못하고 따랐을까?

자신의 꿈과 목표를 실현하기 위해서는 견디는 것이 필요하기 때문이다. 스승에게 미움을 받으면 배움을 받을 수도 없고 만담 무대에 올라갈 수도 없다. 게다가 스승은 제자 추방에 관한 인사권까지 손에 쥐고 있다.

지금 시간만 버티고 스승에게 저항하지 않으면 미래에는 유명한 만담가가 되어 보상을 누릴 것이다. 이렇게 생각하면서 그들은 견딘다.

목표를 달성하기 위해서는 너무 참아도 좋지 않지만 어쩔 수 없이 견디는 것은 필요하다.

그러면 '참는다'와 '견딘다'의 차이는 무엇일까?

참는다는 것의 전제는 불만이다. 견딘다는 것의 전제는 희망이다.

불만은 언젠가 폭발한다. 하지만 희망은 미래의 결실을 본다.

그러므로 만담가의 제자들은 혼나도, 어떠한 부당한 대우를 받아도 오롯이 견뎌낼 수 있다. 미래에 좋은 결실을 보기 위해서 지금 이 길이 필요하다는 것을 알기 때문이다.

만담가가 된 이상 그 누구라도 만담을 잘 하고 싶다, 많은 사람에게 웃음을 주고 싶다, 유명해지고 싶다는 꿈과 목표를 가지고 있다.

목표를 달성하기 위해서는 어느 정도 부당한 요구에 '견딜' 수밖에 없다. 지금 유명한 만담가도 입문 당시에는 상당히 견디는 것을 했을 것이다.

회사에서 근무하다 보면 상사의 부당한 대응에 화가 날 때가 있다. 반항하고 싶을 때도 물론 있다.

나는 상사에게 반항하여 좌천된 적이 있다. 지금 생각해 보면 아쉬운 마음이 든다. 자기 자신의 정당성을 주장하여 상사한테 이긴다 해서 아무것도 얻는 것은 없었다. 오히려 자신의 꿈과 목표와 멀어졌다.

나는 강연이나 글을 통해 항상 인생을 멀리 봐야 한다고, 인생의 시간축은 이 순간에서 끝나는 게 아니라 앞으로도 계속 이어지기 때문에 긴 호흡으로 봐야 한다고 이야기한다.

짧은 호흡으로 생각하면 누구라도 손해 보는 일은 하기 싫다. 부당한 것에는 무조건 저항하고 싶어진다. 그러나 저항 후에 많은 것을 잃을 때도 있다. 그러니 일을 긴 호흡으로 생각해 보자.

자신의 목표가 무엇인가를 명확히 한다면 스스로 자신이 취해야 할 행동을 선택할 수 있을 것이다.

3-03

사사건건 참견하고 괴롭히는 상사 활용법

⇒ 세세하게 지시를 내리는 상사는 스스로에 대한 자신이 없다

상사가 당신의 수고를 생각하지 않고 거만하다며 화를 낸 적이 있는가?

부하 직원의 일에 무언가 트집을 잡는 상사에게는 두 손 두 발 다 들게 된다. 이런 상사의 특징은 '일의 본질이 아닌 부분'에서 트집을 잡는 것이라서, 이겨낼 방도가 없다.

이쪽이 바쁘게 일을 하고 있을 때 말을 걸어오거나 아무래도 좋은 이야기를 물어오는 상사는 부하 직원의 재량과 일의 내용을 파악하지 못하고 있는 것이다.

파악을 못 했기 때문에 하나하나 확인하지 않으면 불안해 지는 것이다.

내가 이전에 근무하던 직장 상사의 입버릇은 "○○씨, 제대로 일하고 있죠?"였다.

부하 직원이 일을 하는 척하는지 정말 열심히 하는지 일반적으로 상사는 이미 파악하고 있다. 하나하나 물을 필요는 없다. 하지만 간섭형 상사는 하나하나 확인하지 않으면 견딜 수 없는 듯하다.

"제대로 일하고 있어?"라고 말해 두면 부하 직원이 조금이라도 더 신경 쓰고 손을 놓지 않을 것이라고 착각하는 것이다. 또한, 자신의 그런 행동이 부하가 일하는 척 하는지 아닌지 제대로 보고 있다고 생각한다.

있는 힘 다해 일하고 있는데 상사에게 이것저것 지시를 받으면 욱할 수도 있다.

이러한 간섭을 해오는 상사에게 욱해서 반론하는 것은 좋은 대책이 아니다. 정정당당하게 "네, 예정대로 진행하고 있습니다." 이 한 마디면 된다.

이 이상 말할 필요는 없다. 상사는 제대로 일하고 있는지 확인하고 싶을 뿐이니 많은 말은 필요하지 않다.

혹시 당신이 간섭해 오는 상사와 만났다면 행운이라고 생각하자. (어이없는 소리 같지만 실제로 생각보다 많은 도움을 얻을 수 있다.)

일을 점점 더 많이 맡기기 때문에 역설적으로 실력이 쌓이게 된다. 당신 자신도 간섭받기 싫기 때문에 일을 미리 해 두게 된다.

단지 상사 대신 자신이 일하고 있는 듯한 거동이나 자신이 없으면 일이 돌아가지 않는 듯한 자신만만한 발언만 주의하자. 상사의 자존감을 낮추는 언행은 좋은 대책이 아니기 때문이다.

아무 때나 말을 걸어오며 세세한 부분을 지적하는 것은 당신을 믿지 않는다는 것이 아니다. 상사가 스스로에 대한 자신감이 없다는 뜻이다. 그렇게 생각하면 상사가 조금 안쓰럽게 느껴지지 않는가?

거만함을 보이거나 과거 무용담을 이야기하는 것도 같은 이유로 스스로에 대한 자신감이 없기 때문이다. 무용담을 거북해하거나 세세한 부분에 대한 지적에 화를 내는 것이 아니라 '스스로에 대한 자신감이 없을 뿐'이라고 생각하면 화라는 감정은 온화해진다.

자기 자랑을 늘어놓는 상사는 자신이 평가받고 싶어 애가 타고, 칭찬받고 싶은 것이다.

"내가 옛날에 성적 우수로 사장상을 받았었다고!"

"과장님, 대단하십니다!"

"뭐, 내 실력이니까 당연한 거지만."

"어떤 영업을 하셨나요?"

"그건……."

조금 귀찮지만 이렇게 상사의 영웅담을 진지하게 들어준다면 당신에 대한 평가는 큰 폭 올라갈 것이다. 어차피 듣게 될 이야기라면 마지못해 듣는 것이 아니라 수긍하거나 놀라는 표정을 함께 보여 상사를 기뻐하게 한다면 일거양득이 된다.

간섭형 상사는 되도록 자주 보고를 하면 안심한다. 여러 유형의 상사와 마주하면 당신의 실력도 쑥쑥 성장할 것이다.

3-04

책임회피형 상사에게는 사실을 보고하지만 반론은 않는다

⇒ 전해야 할 것은 전하고 그 뒤는 시기를 기다린다

평상시에는 그럴듯한 말만 입에 담으면서 중요한 시기에는 책임을 부하 직원에게 넘기는 상사가 있다. 상사의 지시대로 움직였음에도 불구하고 문제가 일어나면 상사는 모른 척. 충격으로 화도 나지 않는다. 당신에게도 이러한 경험이 있는가?

내가 20대였을 때 한 상사의 입버릇은,
"그러니까 말했잖아!"였다.

"주임님. 요전에 A사와의 계약, 거절당했습니다."
"그러니까 말했잖아. 거기 사장은 거절해 올 거라고."

“주임님, 이번 달 실적은 조금 미달할 거 같습니다.”

“그러니까 말했잖아. 좀 더 빨리 영업해 두라고!”

“이 계획 진행해 봤습니다만, 그다지 잘되지 않았습니다.”

“그러니까 말했잖아. 그 계획은 안 된다고.”

그러면 나는 항상 마음속으로 ‘그런 말 들어본 적도 없어’라고 소리쳤다.

상사의 “그러니까 말했잖아.”라는 말 속에는 “나는 책임지기 싫어.”라는 본심이 숨겨져 있다. 부하의 실패에 책임을 회피하는 상사에게는 하나하나 반론하거나 화를 드러내도 아무런 호전이 없다.

이와 같은 유형으로 “내가 책임지지.”가 입버릇인 사람이 있다.

입에 발린 말로 “내가 책임지지.”를 연발하는 사람도 마음속에는 “나는 책임지기 싫어.”라는 본심이 숨어 있다. 엄청난 반전이다.

부하의 실패 책임을 상사가 지는 것은 당연한 것으로 입 밖으로 말할 일은 아니다. 진심으로 책임을 질 각오가 있는 사람은 "책임을 진다"고 입버릇처럼 말하지 않는다.

책임을 회피하는 상사에게 어설프게 사죄하면 상사의 책임 회피를 동의하는 것이 된다.

이런 유형의 상사는 이렇게 대처해야 한다. 우선 맨 처음에 '결과'에 대한 사죄를 한다. 자신에게도 책임이 일단 있다는 것에 대한 사죄이다.

그다음으로 왜 자신이 그런 행동을 취했는지 이야기한다.

상사의 지시에 따라 행동했으나 자신의 힘이 부족해 좋은 결과를 얻지 못했다는 뜻을 보고한다.

당신이 일을 열심히 구성하고 최선을 다했다는 것만은 상사에게 꼭 전하자.

상사의 지시대로 행동했는데 무책임하게 "그러니까 말했잖아."라는 말을 듣는 것만큼 분하고 슬픈 기분이 되는 일은 없다. 이해한다.

그러나 이런 상사의 언행에 욱하고 화를 내면 당신만 손해

볼 뿐이다.

전해야 하는 것은 전하고 그 뒤는 시기를 기다리자.

3-05

입을 열 때마다 말이 바뀌는 상사에게는 우선 "YES"라고 대답한다

⇒ 우선 "YES"라고 말해 두고 나중에 상황을 상담하며 진행한다

말이나 지시가 이리저리 바뀌는 상사는 세상 어디에나 존재한다.

지시를 내리는 상사는 말만 할 뿐 그다지 부담이 없다. 하지만 지시를 실행하는 부하의 입장에서는 방침이 이리저리 바뀌면 추가로 생기는 부담으로 힘들어진다.

상사가 하는 말이 이리저리 바뀌어 짜증이 난 경험 없는가?

샐러리맨이었을 때, 말이 이리저리 바뀌는 상사에 그야말로 농락당했다.

예를 들어 내일까지 영업처 리스트를 작성하라는 지시를 받아 밤을 새우며 리스트를 작성했으나, "신규 거래처의 영업을 강화할 거니까 필요 없어."라고 하는 것이다. 그러나 잠시 후 기존 거래처를 중점적으로 영업을 할 것이라며 리스트를 내라고 말했다. 나는 계속 바뀌는 상사의 농락이 너무 힘들었다.

상사에게 "아! 그거, 이제 안 해도 돼!"라는 말을 들어도 일단은 "네. 알겠습니다."라고 가장 먼저 말하자.

마음속으로는 "너, 적당히 좀 해! 얼마나 더 지시를 바꿔야 만족할 거야!!!"라고 소리치면서도 말이다. 실제로 소리치면 일시적으로 기분은 시원해지겠지만 되로 주고 말로 받는 역습을 당한다. 백해무익할 뿐이다.

말하는 것이 이리저리 바뀌는 상사는 두 가지 유형으로 나뉜다.

① 자신의 몸을 지키는 유형

② 번뜩이는 유형

①번의 자신의 몸을 지키는 유형은 중간관리직이 많으며, ②번의 번뜩이는 유형에는 경영자나 간부가 많다.

몸을 지키는 유형은 항상 회사의 사장이나 상사의 안색을 살피며 자신에게 책임이 닥쳐올 것 같으면 의견을 바꾼다. 어제는 A 제안을 지지했다가 부장의 의견을 듣곤 바로 B 제안으로 바꾸며, 게다가 부하 직원에게 책임을 떠맡기는 경우도 있다.

자신의 몸을 지키는 유형의 대처법은 우선 "YES"라고 말해두고 그 후 상담을 하듯이 확인하는 방법이 효과가 있다.

"과장님. 여쭤볼 것이 있습니다. 기존 거래처를 방문하라고 말씀하셔서 리스트를 작성했습니다만, 이건 필요 없나요?"

방침이 바뀌어도 바뀌지 않아도 성실히 낮은 자세로 상담을 요청한다면 상사도 내심 몸이 기억하고 있는 것이 있으므로 선을 넘는 부당한 대응은 하지 않는다.

번뜩이는 유형은 몸을 지키는 유형과 달라 타인의 눈을 신경쓰며 의견이 바뀌는 것이 아니라 자기 생각에 자신이 있으며 위험을 즐기며 흥망의 승패를 선호한다.

번뜩이는 유형의 번뜩임은 맞을 때도 있지만 맞지 않는 경우도 있다. 본인은 맞았을 때만 기억하기 때문에 자신감이 있는 것이다.

번뜩이는 유형은 생각난 것을 바로 실행하지 않으면 직성이 풀리지 않는 성격이면서, 또 기분이 쉽게 바뀐다는 특징도 있다. 그리고 한마디 더 하자면 백퍼센트 잘 알고 있는 부하 직원을 높이 평가한 것이기 때문에 불안해하지 말고 침착하게 대응하자.

고도의 기술이지만, 번뜩이는 유형의 상사로부터 지시가 있어도 한 번에 움직이지 말고 상황을 확인하면서 진행하는 것이 가장 좋다.

다만 주의해야 할 것은 지시가 있을 때 아무것도 하지 않는 것이 아니라 자료용의 조사만은 해 두고 거기서 조사하면 좋을 리스트를 작성해 두는 등의 간단한 일만은 해 두자. 아무것도 하지 않으면 지시를 무시하는 것처럼 보인다.

어느 정도의 안목이 생기면 이제 지시가 갑자기 바뀌어도 다음 지시에 사용할 부분과 중복되는 것을 걸러내는 등 점점 요령이 생기게 된다.

3-06

자기가 민폐인지 모르는 사람에게는 화가 아닌 명쾌한 말로 설명한다

⇒ 민폐를 끼치고 있는 행위를 객관적으로 전달하는 편이 이해하기 쉽다

이 세상에는 무신경한 사람이 어느 정도 존재한다.

지하철 안인데도 불구하고 큰 목소리로 전화 통화를 하는 사람, 담배를 피우며 아무렇지 않게 사람이 많은 곳을 걸어가는 사람, 길에 쓰레기를 버리는 사람.

이러한 광경을 보면서 짜증이 난 적 없는가?

무신경한 사람이 본 적 없는 남이라면 신경 쓰지 않을 수 있겠지만, 가까이에 있는 회사 상사나 동료라면 신경을 쓰지 않고 싶어도 그럴 수 없다.

내가 직접 겪었던 일이 있다.

꽤 예전의 일이다. 동료인 J씨는 집이 가까워 휴일에 자주 우리 집으로 놀러 왔다. 그러나 놀러 올 때마다 집 안에서 양해 없이 담배를 피워서 곤란했다. 당시 우리 집에는 세 살 난 딸아이가 있었다.

그의 집에서는 어떻게 하는지 살짝 물어보니 자기 아이에게 해가 가기 때문에 집 안에서는 담배를 피우지 않는다고 했다. 담배 연기가 몸에 좋지 않다는 것은 자기 아이에게만 해당되는 것이 아니다. 내 아이도 똑같다. 하지만 그는 그런 사실을 전혀 깨닫지 못한 듯했다.

나는 이때 깨달은 것이 있는데, 무신경한 사람은 악의가 있는 것이 아니라 눈치를 채지 못하는 것이다. 그래서 자신이 민폐인지도 모르고 폐를 끼치는 것이다. 이런 사람들에게는 무턱대고 화내도 무엇도 해결되지 않는다.

나는 J씨와 사이가 나빠지는 것을 피하고 싶었기 때문에 "아이가 천식이 있어 담당 선생님께서 담배를 끊으라고 해서요. 죄송합니다만 우리 집에서는 담배를 피울 수 없습니다."라고 전했다.

그 후 J씨는 우리 집 안에서 담배를 피우지 않게 되었다.

가능하다면 거리를 두고 상관하지 않는 것이 가장 좋은 방어 수단이다.

그러나 그럴 수 없는 경우, 무신경한 사람이 민폐를 끼치는 행위를 한다면 민폐인 이유를 명확하게 제대로 전달해 주자.

사람은 항상 자신만의 가치관을 기준으로 행동한다. 말하지 않으면 전달되지 않는다.

잘못된 사고를 바로잡으려 하면 스트레스가 쌓이고 짜증이 난다.

상대방의 인격에 상처 줄 만한 것은 입 밖으로 꺼내지 않고 그만뒀으면 하는 행동만 제대로 전해 주자.

3-07

동료나 부하의 푸념에 짜증이 난다면 오히려 이야기를 끝까지 조용히 듣는다

⇒ 그저 듣기만 하는 역할을 하는 것으로 인간관계가 좋아진다

같은 이야기를 반복하는 사람이나 끝없이 푸념을 말하는 사람의 대처에 곤란한 적 없는가?

타인의 이야기는 들어주지 않으면서 자기 이야기만 하는 사람은 많이 있다. 그 중 이야기의 내용이 푸념뿐이면 질색하게 된다.

나는 많은 부하 직원들에게 상담과 고민 그리고 푸념의 말을 들었다. 긍정적인 상담이 아닌 회사의 비판이나 푸념을 끝없이 듣다보면 도망치고 싶어진다.

처음에는 이야기를 들으면서 속으로 짜증이 났다. 상대방의 말이 끝나지 않았음에도 내 의견을 말하거나 반론을 냈다. 그러자 상대방의 푸념은 더욱 심해졌다. 상담자는 어떻게 해서든 알아주었으면 해 더욱 강한 어조로 나를 설득하려고 했다.

대화할수록 분위기는 점점 나빠져 결국 아무런 진전도 없이 험악한 분위기로 이야기는 끝나 말 그대로 헛수고였다. 부하 직원의 상담 요청에 장시간 실컷 들어줬는데 "요코야마 씨는 알아주지 못합니다."라며 비판 섞인 비난이 나를 향해 쏟아져 호되게 당했다.

그러던 어느 날 상담 방식을 바꾸어 보았다. 상대방의 이야기가 끝날 때까지 아무 말도 하지 않고 그저 듣는 것으로 역할을 바꾸어 보았다. 처음에는 같은 이야기를 반복해 짜증이 났지만, 이야기를 잠시 듣고 있으니 차차 상대방의 표정이 밝아졌다.

나는 아무런 조언도 하지 않았음에도 "요코야마 씨가 말한 대로에요."라고 하는 것이었다. 결과적으로 상대방의 이야기가 끝날 때까지 느긋하게 들어주는 편이 상담시간도 단축되었고 만족도도 높아졌다.

사실 불평을 말하는 사람 중 많은 사람은 해결책을 원하는 것이 아니다.

조언도 상대방의 말이 끝난 후 단 한마디, 요점을 말하면 예상 외로 많은 사람이 받아들여 주었다.

당신도 같은 이야기를 반복하거나 불평을 말하는 상대방에게 짜증이 났다면 오히려 가능한 한 조용히 상대방의 이야기를 들어 주자.

"그렇구나!"
"큰일이네!"
"역시!"

등 공감을 하는 맞장구도 효과가 있다.

다만 언제나 불평만 하고 당신에게 싫은 감정을 주는 사람에게는 주의가 필요하다. 이렇게 응석 부리는 사람은 앞서 말한 무책임한 사람과 같은 대응이 필요하다.

"저는 당신의 불평을 들으면 피곤해져요. 이 이상 저에게 의지하지 마세요."라고 제대로 말해도 괜찮다. '감정 쓰레기통'이 되는 길은 분명히 피해야 한다.

3-08

타인과의 비교는 직장 내 모든 갈등과 화를 낳는다

⇒ 타인과의 비교가 화라는 감정을 낳는다

회사의 인사(人事)에 무조건 만족하는 사람이 있을까?

불공평한 인사에 화가 난 사람은 꽤 많다. 그 대표 사례가 '과거의 나'이다.

서문에도 언급했지만 나는 영업성적이 최상위권이었음에도 불구하고 좌천되었다. 회사에 큰 이익을 안긴 직후, 내가 가장 가기 싫어했던 채권회수부서로 인사이동 지시가 내려졌을 때는 '설마!'하며 믿기지 않았다. 매일 화가 가슴 속에 크게 자리 잡아 괴로운 생활을 보냈다.

화의 대상도 처음에는 상사였지만 시간이 지나면서 회사나 동료, 급기야 가족에게도 화의 감정이 솟아올랐다. 화라는 감정을 안고 있는 것으로 나를 포함해 누구도 득을 보지 못했다.

혹시 당신이 회사의 인사평가에 불만을 품고 있다면 사고방식을 조금 바꿔 보자. 불공평한 인사에 대한 화의 원인은 타인과의 비교에 있다.

나의 경우에도 회사에 이익을 가져다준 나는 이동했는데 나보다 공헌도가 낮은 동료는 이동하지 않은 것에 관해 불만을 가지며 화가 분출된 것이다.

그러나 잘 생각해 보자.

이 세상에서 완전한 평등이 있을까?

물론 평등을 추구하는 것은 마땅한 일이고 응원해야 할 일이다. 다만 분노하기 전에 내가 누렸던 이득을 다시 한번 돌이켜 보자.

태어난 환경, 부모님, 겉모습. 이것들은 자신의 노력으로 바꿀 수 없다. 나보다 더 좋은 유리한 사람이 있는가 하면 불리한 사람도 있을 것이다. 회사에서도 마찬가지다. 뒤에서 열심히 일하는 사람이 있다면 주목을 받는 직종에 있는 사람도 있다.

"왜 나만……." 이런 기분은 버리는 게 좋다.

타인과 비교하며 자신이 불리하다고 생각하면 "화"의 늪에 빠져 헤어 나올 수 없게 되기 때문이다.

이 세상에 일어나는 일 중 쓸모없는 것은 없으며 자신에게 필요하기 때문에 일어나는 일로 생각해 보자. 나는 좌천으로 우울증에 빠져 힘들었지만 지금 생각해 보면 그 좌천이 있었기 때문에 지금처럼 책을 쓸 수 있거나 강연을 할 수 있는 것이다.

일어난 상황은 같아도 사고방식을 조금 바꾸는 것으로 화는 약해진다.

인사에 관한 것도 불공평하다고 한탄만 하기보다 길게 본다면 자신에게 도움이 되는 사고방식이 마음의 평안을 지켜준다.

우선 지금, 당신이 할 수 있는 것에 전력을 기울이자. 미래가 어떻게 될지는 그 누구도 모르니까. 좌천되어 화를 안고 있었을 때의 내가 이렇게 책을 쓰고 있을지 상상도 못 했던 것처럼.

제3장의 포인트

- 상사가 화를 낸다면 냉정하게 바라보며 마음속으로 실황중계를 해 본다.
- 상사의 부당한 요구도 장래 꿈을 위한 수행이라고 생각한다면 견딜 수 있다.
- 세세한 것에 지적하는 상사와 만났다면 당신이 활약할 기회로 삼는다.
- 책임을 피하는 상사에게는 사실만 보고하고, 반론은 하지 않는다.
- 말하는 것이 이리저리 변하는 유형의 상사에게는 우선 "YES"라 대답한다.
- 자기도 모르게 민폐를 끼치는 사람에게는 화 내지 말고 제대로 말로 설명한다.
- 불평을 말하는 상대는 해결을 바라는 것이 아니므로 묵묵히 들어 준다.
- 불공평한 인사가 있어도 타인과 비교하지 말고 지금 할 수 있는 일에 전력을 다한다.

제4장

화를 오히려 활용하는 7가지 기술

4-01

참아온 화, 낼 때는 내야 협상에 유리하다

⇒ 화로 교섭을 유리하게 하다

지금까지는 화의 폐해나 조절 방법에 관해 이야기했다. 사실 화라는 감정이 불이익하기만 한 것은 아니다.

화라는 감정을 그대로 밖으로 토해내면 해가 되지만 사용함에 따라 큰 에너지원이 되기도 한다.

이 장에서는 화의 이익에 관해 이야기한다.

회사나 타인과 교섭할 때 냉정함을 지키려 하는가? 보통은 갑자기 화를 내거나 하지 않을 것이다. 나도 기본적으로는 온화하게 대화한다. 하지만 화로 일이 잘 진행될 때도 있다.

한번은 거래처의 사장으로부터 부하 직원의 대응에 대한 일로 전화가 왔다. 그분은 꽤 화가 난 상태였다.

나는 충분한 사정을 들은 후 사죄했다. 그러자 사죄할 때마다 그분의 요구는 점점 심해져 갔다. 부하 직원의 능력 부족을 모든 거래처에 공표하고, 인사처분까지 요구해왔다.

그 무리한 요구에 나는 사죄를 철회했다. 나의 사죄는 부하 직원의 잘못된 대응을 인정하는 것이었지, 거래처 사장의 감정을 상하게 한 것에 대한 사죄가 아니었다.

이 이야기는 거래처 사장과 부하 직원 양측의 의견을 듣지 않으면 비판할 수 없었다. 더구나 인사처분까지 요구해 오는 것은 과했다.

이 세상에는 이쪽이 성의를 다해도 이해해 주지 않는 사람도 있다. 원래 이러한 사람들에게도 감정을 보이지 않는 것이 좋지만 과도한 요구를 해 올 때는 제대로 거부하지 않으면 소중한 것을 지킬 수 없게 된다.

합리적이지 않은 요구를 해 올 경우에는 확실히 알리자.

"그것은 받아들일 수 없습니다."

"그러한 대응은 할 수 없습니다."

"대답을 드리기 어렵습니다."

이러한 경우는 냉정하게 말하는 것보다 감정을 전면에 조금 나타내는 것이 효과적이다.

상대방이 위에서 내려 보는 시선으로 이쪽의 성의를 무시하는 듯한 사람이라면, 무작정 굽히지 말고 오히려 감정을 직설적으로 보이는 것이 호전된 방향으로 이끌어 준다.

물론 감정에 휘둘리는 것이 아니라 어디까지나 감정의 주인은 나라는 것을 잊지 말자. 감정에 휘둘려 화에 마음이 점령당해 닥치는 대로 행동한 결과는 나중에 깊이 후회한다.

감정의 주인이 자신이라는 것을 알고 있는 사람의 화는 선택한 화다. 제재당한 화라는 감정은 당신의 결의를 강하게 상대방에게 전달해 줄 것이다.

4-02

화가 너무 없어도 사람은 매너리즘에 빠진다

⇒ 화로 팀이 정돈된다

온기로 부드러운 분위기의 부서와 조금의 언쟁이 있는 서로 거리감이 있는 부서. 어느 부서가 일의 능력이나 성과가 높을까? 온기로 포근한 분위기인 쪽이 능력이 높을까? 사실 무조건 그렇다고만 말할 수는 없다.

이전에 다녔던 회사에 사이가 매우 좋은 부서가 있었다. 언제나 밝고 웃음이 끊이지 않았다. 점심도 함께 먹고 저녁도 부서원들과 자주 회식을 하며 재미가 넘쳤다.

그러나 다른 부서와 비교했을 때 영업성적이 훌륭하지 않았다. 서로 도우며 격려하고 있음에도 불구하고 수치는 떨어지기만 했다. 각자 담당했던 일이 미흡해도 암묵적으로 봐주다 보니 조금씩 지켜지지 않게 되었다.

부서원끼리 사이가 좋다면 더할 나위 없다.

다만 내가 경험한 바로는 스태프나 상사 · 부하의 사이가 너무 좋으면 영업성적이 떨어지고 실수가 자주 발생했다. 긴장감이 없기 때문이다.

명확한 이유 없이 당신 부서의 영업성적이 떨어질 때는 부서 내 분위기가 매너리즘에 빠지지 않았는지 검토해 보자.

결국 나는 크게 결심하고 인사이동을 결행했다. 팀의 반 이상을 바꿨다. 그러자 이전과 같은 온화한 분위기가 없어졌을 뿐만 아니라 서로 공격하는 모습도 보이기 시작했다.

팀 회의에서도 격론이 오가며 분을 못이기는 직원도 있었다. 이렇다 보니 당시 내가 결행한 인사이동으로 인해 현장 분위기가 바뀐 것을 후회했다.

그러나 시간이 지나자 영업성적이 급상승했다. 처음에는 기존 직원과 새로운 직원 사이의 경쟁의식에서 불꽃이 튀는 형태였지만 그다음부터는 서로 돕기 시작했다. 그 후, 전과 같이 웃음으로 화기애애한 현장은 되지 못했지만 긴장감을 지키며 서로 신뢰하는 좋은 직장이 되었다.

화는 진심이기 때문에 일어나는 감정이다. 아무래도 되는 일이라면 화라는 감정은 솟아오르지 않는다.

예를 들어, 당신이 학생 때 활동했던 동아리에서 회장직을 맡길 원한다면 경쟁자가 당신의 친구여도 마음을 다해 힘낼 것이다. 회장이 되든 안 되든 상관없다면 당신은 손을 놓고 회장 자리를 양보할 것이다. 다만 아무래도 좋다는 것은 목표를 진지하게 마주하고 있지 않다는 뜻이다.

일도 이것과 똑같다. 진지하게 마주하고 있다면 때때로 다투거나 말다툼을 하거나 험악해지기도 한다. 때때로 감정이 격해져도 그것은 진심이기 때문에 나타나는 것으로 마음 깊이 남는 것은 아니다.

다만 나중에 후회할 만한 폭언을 뱉거나 영업과는 관계없는 상대방의 인간성을 비판하는 등의 행동은 삼가자.

일에는 어느 정도 긴장감이 필요하다. 화라는 감정은 긴장감을 부여한다. 그리고 긴장감은 좋은 자극이 된다. (물론 때와 장소에 따라 다르기 때문에 상황을 관찰하는 것은 필요하다.)

MISHIGUENE
MISHIGUENE

4-03

굴욕당한 화는 성공으로 향하는 기폭제로 쓰일 수 있다

⇒ 화를 성공에 향하는 기폭제로 쓰다

화라는 감정으로부터 성공을 쟁취한 사람은 동서고금을 막론하고 많이 있다. 당신도 누군가에게 갚아 주거나 다시는 같은 굴욕을 맛보지 않기 위해 노력해서 성공한 경험 있지 않은가?

화의 에너지를 잘 개방한다면 성공으로 향하는 기폭제가 된다.

에도시대(1603~1868)의 인물 하나와 호키이치(塙保己一)도 화의 에너지를 성공으로 바꾼 사람이다.

유감스럽게도 지금의 일본에서 하나와 호키이치를 아는 사람은 거의 없지만, 세계대전 전에는 교과서에도 적혀 있던 인물로 당시에는 모르는 사람이 없을 정도로 유명한 사람이었다고 한다.

헬렌 켈러의 부모님께서

"너에게는 목표로 두어야 할 인물이 있어. 일본의 하나와 호키이치라는 시력을 잃고 앞이 보이지 않는 사람이 위대한 업적을 남겼단다."

라고 그녀에게 전해 헬렌 켈러도 하나와 호키이치를 인생의 표본으로 삼았다고 한다.

호키이치는 일곱 살에 실명하여 앞이 보이지 않는 장애를 극복해 고대시대에서 에도시대까지 쓰인 문헌, 17,244매를 판목에 정리했다.

이만큼의 대업을 이루게 된 발단은 "화"에 있었다.

어느 날 호키이치가 길을 걸어가는데 갑자기 나막신 끈이 끊어졌다. 마침 판목가게가 앞에 있어 들어가서, 가게주인에게 끈을 바꾸기 위해 헝겊을 정리해 주었으면 좋겠다고 부탁했다. 그러자 주인은 "뭐야, 눈도 안 보이는 주제에!"라며 던지듯 넘겨주었다.

생각지도 못한 굴욕을 당한 호키이치였지만 그는 그 헝겊을 계속 가지고 다녔다. 그리고 그가 편찬, 간행하는 판목을 굴욕을 주었던 판목가게에 일부러 의뢰했다. 그 일이 있고 난 뒤 가게주인에게 이렇게 말했다.

"사실 그때 당신에게 매정한 대우를 받았습니다. 이게 그때의 헝겊입니다. 이건 결코 당신을 비꼬는 것이 아니라 오히려 당신에게 감사하고 있다는 상징입니다. 제가 그때 자극을 받았다고 생각합니다. 그러니까 그때의 분함을 잊지 않고 사람들에게 뒤에서 손가락질받지 않는 사람이 되기 위해 강한 결의를 다졌습니다."

호키이치는 굴욕으로 솟은 화를 성공으로 바꿨다.

화의 에너지는 정말 강력하다. 화를 기폭제로 한다면 어떠한 고통도 참고 실패도 극복할 수 있다.

화의 굴욕이 강한 의지를 가진 사람으로 바꾸어 준다.

다만 화의 에너지를 언제까지나 이어받을 수는 없다. 최초의 기폭제로 사용한 후는 원래 자신이 해야 할 목적에 집중하여, 화라는 감정은 자신을 성장시키기 위한 시련의 자리에 놓아두자.

화라는 감정을 감사로 바꾸는 것이 가능해질 때 처음으로 큰 성공을 손에 넣을 수 있다.

4-04

화를 경쟁심으로 바꾸면 막강한 에너지가 생긴다

⇒ 화라는 감정은 인간을 창조적으로 만든다

화는 '아이디어의 윤활유'라는 걸 알고 있는가? 인정할 수 없는가? 하지만 사실이다. 화라는 감정은 인간을 창조적으로 만든다.

이전 직장의 부하 직원들에게 한 가지 실험을 한 적이 있다. 당시 새로운 기획을 모집하고 있었지만 좀처럼 좋은 아이디어가 나오지 않았다. 모두 항상 하던 업무로 바빠 새로운 기획에 신경 쓸 여유가 없었던 것이다.

모집한 기획들도 독특한 아이디어는 보이지 않고 애당초 눈앞에 있는 일이 바빠 새로운 기획을 할 때가 아닌 듯했다.

기업은 '지금'만을 생각하면 결국 쇠퇴한다. '지금', 즉 현재도 중요하지만 미래에 목표를 두는 것은 당연하다. 다만 경영자에게 있어 미래가 중요지만, 근무하는 직원들에게는 지금 자체로도 버거운 것이다.

고민 끝에 거기에 변화를 주기로 했다. 모두의 경쟁심에 부채질하는 것이다.

새로운 기획의 계획을 팀별로 겨루게 했다. 게다가 이긴 팀에 인센티브를 주고 채택되면 표창하는 등 상을 주는 효과를 추가했다. 효과는 즉각적으로 나타나 점점 새로운 아이디어가 나왔고, 좋은 아이디어가 낳은 신규 캠페인도 고객들에게 호평을 받았다.

체험으로 확인한 결과, 아이디어를 얻는 데 가장 효과가 있었던 것은 금전적 보상보다 경쟁심을 자극하는 것이었다. 팀으로 경쟁하는 것으로 상대보다 좀 더 좋은 아이디어를 내려는 인간의 본성을 건드렸던 듯하다.

그 결과 좋은 아이디어가 나온 것이다. 아이디어의 수도 막연히 모집할 때보다 수십 배나 올랐다.

사람은 자극을 주면 능력을 더욱 발휘한다. 경쟁심도 화라는 감정의 하나이다.

화라는 감정이 긍정적으로 발휘되면 아이디어의 윤활유가 된다.

혹시 당신이 매너리즘에 빠져 있다면 자기 안의 화라는 감정에 불을 붙여 보는 게 어떨까?

- 마음속에 경쟁할 상대를 정하고 누구에게도 말하지 않고 그 사람과 경쟁해 본다.
- 어느 공모전이라도 응모하고 타인과 경쟁한다.
- 사람들 앞에서 발표할 기회를 스스로 만든다.
- 목표를 만들고 거기에 도달한다면 스스로 상을 준다.

이런 것들은 화의 에너지를 빌리면 탄력이 붙게 된다.

"하면 된다. 지고 싶지 않아. 이대로라면 안 돼."

이렇게 지는 것을 싫어하는 마음을 잘 활용하여 한 단계 위로 나아가 보자.

4-05

화는 사람을 오히려 더 과감하게 만들 수 있다

⇒ 화는 위험을 무릅쓰고 도전하는 원동력이다

우리에게 화라는 감정이 있는 이유가 무엇이라고 생각하는가?

사람에게 필요하지 않은 것은 진화 과정을 거치며 유전자에서 소멸하여 왔다. 그러나 현재 우리들 안에 화라는 감정이 더욱 내포되어 있다. 화라는 감정은 우리에게 필요하기 때문에 지금도 남아 있는 것이다.

다음과 같은 실험이 있었다.

제각기 다른 점수가 쓰인 32장의 카드를 뒤집어 놓고 피실험자에게 좋아하는 수만큼 카드를 뽑게 했다. 뽑은 카드 점수의 합계가 크면 이긴다.

그러나 3장에는 '파산 카드'(수백 점의 마이너스 점수가 적혀 있는)가 포함되어 있다. 카드를 많이 뽑으면 '파산 카드(리스크, 위험)'를 뽑을 가능성도 커지므로 모두 주저하면서 뽑게 된다.

이 실험에선 우선 피실험자를 두 그룹으로 나눈다. 그리고 한 그룹에는 화라는 감정을 일부러 유발시켰다. 그랬더니 실험 결과 화를 유발한 그룹은 좀 더 많은 카드를 뽑는(위험을 감수하는) 경향이 있었다.

이 그룹의 사고 체계를 확인해 보자 재미있는 결과가 나왔다.

"나는 결과를 조절할 수 있어."
"긍정적인 결과를 얻을 가능성이 높아."
"위험을 감수할 가치가 있다."

이러한 사고방식은 큰 성공을 이룬 사람들의 공통적인 사고방식이다. 성공하기 위해서 행동하지 않으면 안 된다. 그리고 행동은 위험을 반드시 동반한다. 위험을 감수하지 않는 성공은 있을 수 없다.

화는 위협에 마주하기 위해 감정이 고조된 상태이다. 스포츠선수도 스스로 화를 돋워 기합을 넣는 방법도 사용한다. 우리들은

- 화 = 공격적이다
- 화 = 냉정한 판단을 틀어지게 한다
- 화 = 부정적인 감정이다

라고 생각하기 쉽지만 결코 그것만이 화의 전부가 아니다.

화는 자신이 부당(불공평)한 취급을 받았을 때나 자신이 타당하다고 생각하는 것을 하고자 하는데 그것이 방해 받았을 때도 일어나는 감정이다.

화의 에너지를 긍정적으로 사용한다면 도전에 창조성이 가득 차 실패에도 부러지지 않는 파워가 된다.

우리들에게 화라는 감정이 있는 이유는 사람이 살아가는 데 필요한 감정이기 때문이다. 다만 화라는 감정을 폭발적인 행동에 전가하거나 감정적인 상태에서 무모한 행동을 하면 많은 폐해를 낳는 것도 사실이다.

화의 이익, 불이익을 이해하고 화의 힘을 주의 깊게 잘 활용해 보자.

4-06

화는 지금의 방법이 잘못되었다는 신호를 준다

⇒ 화라는 감정은 소중한 정보

당신은 지금까지 무언가를 배우는 데 실력이 늘지 않아 짜증이 난 적 없는가? 정말 열심히 공부했음에도 불구하고 생각만큼의 성과를 얻지 못해 주눅 들거나 화가 난 적 없는가?

화라는 감정은 지금 하는 방법으로는 잘 해 나갈 수 없다는 '정보'를 제공해 준다.

화라는 감정에서 무리하게 도망치거나 미루거나 감추면 중요한 정보를 효과적으로 사용할 수 없다.

나는 영업사원 시절에 영업성적이 늘지 않아 화가 났다. 그 시절의 화는 지금의 방식으로는 잘 해 나갈 수 없다는 '정보'를 나에게 제공해 주었던 것이다.

당시의 나는 그 정보를 무시하며 화의 원인을 상사나 회사, 상품의 탓으로 돌렸다. 당연히 상황은 전혀 개선되지 않았다.

바나나 다이어트를 시작했을 때도 짜증이 쌓였다. 처음 2kg 정도 체중이 줄은 후 전혀 줄지 않았던 것이다. 아침에 일어나 바나나 한 개와 물 세 잔을 마셨다. 이걸 충실히 실행하고 있음에도 체중이 변하지 않아 짜증이 절정에 달했다.

영업성적이 오르지 않아 화가 나는 것도 다이어트로 체중이 줄지 않아 화가 나는 것도 '무언가가 제대로 진행되고 있지 않아서 지금의 방식으로는 변하지 않아'라는 신호였다.

영업성적이 나빴던 것은 방문처가 잘못되었기 때문이었다. 바나나 다이어트에는 아침만이 아닌 점심과 저녁 식사에도 몇 가지의 주의 사항이 있었다.

"자기 전 3시간은 아무것도 먹지 않는다."

라는 규칙을 어기고 나는 자기 직전까지 맥주를 마시고 안주를 먹었다.

당신이 지금 화가 나 있는 것이 있다면 무언가를 바꿔야 한다는 신호다. 변화 없이 지금과 같은 행동을 계속한다면 아무리 시간이 지나도 화는 사라지지 않는다.

예를 들어 인간관계에서 화가 난다면 당신의 현재 행동을 바꿔야 할 필요가 있다는 의미이다. 당신의 행동이 틀렸다고 말하는 것이 아니다. 지금과 같은 행동을 이어간다면 지금과 같은 결과 또한 이어질 뿐이라는 것이다.

한 지인은 동료가 자신에게 화나 있는 것 같다며 걱정을 하다가 다짐을 하나 했다. 매일 아침 동료와 만나면 웃는 얼굴과 큰 목소리로 "좋은 아침입니다."라고 말하기로 한 것이다. 바꾼 것은 인사 하나였다.

그 후 두 사람의 관계는 한 단계 좋아졌다. 이것은 핵심 습관(keystone habit)이라고 한다.

한 가지 습관을 바꾸면 다른 면에서도 큰 개선이 일어난다. 미국의 실험에서는 운동을 습관화하는 것으로

- 식생활의 향상
- 직장에서의 생산성 향상

- 흡연량 감소
- 동료나 가족에게 관대해짐
- 신용카드 이용 감소
- 스트레스 감소

등 개인차는 있지만 긍정적인 변화가 나타났다.

당신도 화의 원인을 추적하여 우선 하나씩 행동을 바꿔 보는 것은 어떨까.

4-07

윗사람이나 상사에게 화났을 때 올바르게 화내는 법

⇒ 일에 도움이 되는 불쾌감의 통보

이 장에서는 주로 화의 유용성을 이야기했다. 화를 부정적인 것으로 파악해 억눌러 잠재워도 좋은 결과는 얻을 수 없다.

미시간대학의 아니스트 하버(Ernest Haber)와 연구진이 오랜 시간에 걸쳐 실행한 연구 결과에서는 화를 눌러 죽이는 유형은 화를 표현하는 유형의 사람들보다 비교적으로 기관지염이나 심장발작을 일으킬 확률이 높고 수명이 짧은 경향이 있다는 결론을 보였다.

그렇다면 언제 화를 나타내고 언제 누르는 것이 좋을까?

인간관계에 있어 매우 어려운 판단이지만 화에 의해서 '상황이 바뀔까, 바뀌지 않을까'가 가장 먼저 해야 할 판단 기준이 된다.

예를 들어 돌에 발이 걸려 넘어졌을 때 아무리 화를 낸다 해도 상황은 바뀌지 않는다. 그러나 당신의 발을 건 사람이 있을 경우는 화를 내면 상황이 바뀔 가능성이 있다.

상황을 바꾸는 화는 양날의 검이다. 잘 풀리는 경우가 있는가 하면 관계를 악화시키는 경우도 있다. 현재의 상태가 견딜 수 없다면 상사를 향했다 해도 화는 현상 타개의 수단이 된다. 다만 직속 선배나 상사일 경우에는 특히 주의가 필요하다.

갑작스럽게 감정적으로 화를 내는 것이 아니라 '불쾌감의 통보'를 하라. 또한, 목소리로 불쾌함을 보이거나 실례되는 언행을 하지 않도록 신경 써야 한다.

"지금 매우 감정이 흥분되어 있어 제 기분을 잘 전할 수 없을지도 모르겠습니다만……."

이렇게 '불쾌감의 통보'를 하면 상대방의 적의가 유연해지며 방어적으로 바뀌는 것을 막아주는 효과가 있다.

앞으로 중요한 것을 전하고 싶다는 당신의 이야기를 들어줄 준비를 하기 때문이다. 가령 잘 전하지 못한다 하더라도 너그럽게 봐 줄 가능성이 있다.

긴급사태나 몸의 안전을 지키기 위해서 있는 감정 그대로 화를 내는 것이 필요한 경우도 있지만, 대부분 상황에는 한 호흡을 두는 편이 좋게 풀린다.

한 호흡 두는 것으로 선택의 폭이 넓어지기도 한다.

언제 화를 내고, 언제 참고, 언제 '불쾌함의 통보'를 하면 좋을지 판단하는 것은 매우 어렵다. 그럴 경우 스스로 자신에게 물어보자.

"지금부터 실행할 방법으로 예전에 잘 풀렸었나?"

나의 경우를 돌아보니 몇 번이나 있는 그대로의 감정으로 상사에게 화를 냈지만 과거를 되돌아보면 이 방법으로 잘 풀린 적은 한 번도 없다.

그러나 상사에게 '불쾌함의 통보'를 한 후에 화를 냈을 때, 그 후 관계가 개선된 경우가 많았다.

화내기 전에는 한 호흡 두고 "과거에 이 방법으로 잘 풀린 적이 있었나?"라고 스스로에게 물어보자.

제4장의 포인트

- 부당한 요구를 해오는 상대에게는 감정을 전면에 내놓고 제대로 거절한다.
- 화를 나타내고 팀이나 자기 자신의 긴장감을 가진다.
- 화라는 감정을 성공의 기폭제로 쓴다.
- 경쟁심을 부채질하여 성과를 낸다.
- 화라는 감정을 이용하여 도전에 긍정적인 발상과 행동을 유발한다.
- 화라는 감정은 '지금의 방식으로는 잘 해 나갈 수 없다'는 정보를 제공해 준다.
- 윗사람이나 상사에게 화가 났을 때는 '불쾌감을 통보'한다.

제5장

어떻게 해도 참을 수 없는 화를 누를 수 있는 7가지 훈련

5-01

화도 우리에게 필요한 하나의 감정임을 인식한다

⇒ 화라는 감정은 선도 악도 아니다

이 장에서는 아무리 해도 참을 수 없는 화라는 감정을 잠재우는 방법을 이야기한다. 그 전에 당신 안에 있는 '화'에 대해서 다시 생각해 보자.

- 언제 화가 솟아오르는가?
- 화라는 감정이 나오면 어떤 대처를 하고 있는가?
- 당신의 대처법은 올바른 것이었는가?

여기서 다시 한번 기억해 주길 바라는 것이 있다. 화라는 감정은 당신에게 필요하기 때문에 일어난다. 화라는 감정 그 자체를 배제하려 애쓰지 말자. "화"는 '지금의 상태를 개선해야 한다'라는 당신의 마음속의 메시지니까.

그렇다면 왜 많은 사람이 '화'를 좋지 않은 감정이라고 생각하는 걸까?

그것은 화라는 감정의 대처를 모른 채 상대방을 공격하거나 자책하는 두 가지 중 하나로 보기 때문이다. 화라는 감정 그대로 상대방을 공격하면 과도한 대처가 되어 손해를 보게 된다.

나의 사례를 이야기해 보면 전에 언급한 캠페인에서 가장 높은 성적을 얻어 기고만장해졌을 때, 과장님에게

"자네, 너무 들떠 있지 말게. 일은 팀워크란 말일세. 혼자서 좋은 성적을 올린다고 우쭐하지 말란 말이네."

라는 말을 듣자마자 내 안에서 무언가 불꽃이 튀었다.

'과장은 시원한 에어컨이 나오는 사내에서 의자에 앉아 있을 뿐이잖아!'

'명령만 하고 격려라곤 해 줄 줄도 모르면서, 들떠 있는 건 오히려 과장 너야!'

나는 화에 휩쓸려

"좋겠네요, 과장님은. 아무것도 하지 않고 말하고 싶은 것만 말하면 되니까!"

이 말이 시초가 되어 나는 좌천되었고 그 후 퇴직했다.

그렇다면 그때 아무 말도 하지 않고 참았더라면 어땠을까? 지금쯤 그 회사에서 탄탄대로를 걷고 있었을까? (글쎄…….)

아마 내 안에서 화라는 감정이 성장하여 몸이 망가졌을지도 모른다. 의욕은 없어지고 결국 영업성적이 떨어져 좌천되었을지도 모른다.

화라는 감정은 밖으로 향해도, 전전긍긍하며 참아도 좋은 결과는 얻지 못한다.

그렇다면 어떻게 해야 좋을까?

그것은 지금의 상황을 있는 그대로 받아들이는 것이다.

상사에게 혼났을 때 그 사실만을 인식하고 자신의 정당성을 굽히거나 상사의 착각을 되새기는 행동은 중단해야 한다. 그리고 화를 내는 자신도 그대로 받아들이자. 화라는 감정은 부끄러운 것도 나쁜 것도 아니다. 필요하니까 화가 나는 것이다.

받아들인다는 것은 다음과 같은 의미를 가지고 있다.

- 상대방을 공격하지 않는다.
- 자책하지 않는다.
- 화라는 감정은 선악이 아니다.

나는 지금 화내고 있음을 인식하는 것에서 멈추자.

다음 절부터 조금 더 구체적으로 화를 잠재우는 방법을 이야기해 볼 것이다.

5-02

화내고 있는 자신을 또 다른 자신의 입장에서 바라본다

⇒ 원리법과 이심법

화를 잠재우는 방법에는 원리법(遠離法)과 이심법(離心法)이 있다.

원리법은 "화"의 대상에게서 멀어지는 것이다. 예를 들어 싫어하는 상사에게서 멀어지거나 평가해 주지 않는 회사에서 멀어지는 것이다.

그러나 이것에는 현실적인 문제가 동반된다. 회사를 그만두면 지금의 화는 해소되겠지만 직장을 잃어 경제적 불안이 동반된다.

나의 경우, 좌천되었을 때 평가를 해 주지 않는 회사를 그만

두었다면 기분도 통쾌해지고 화도 가라앉았을 것이다. 하지만 당시 고등학교 1학년인 아들과 어린 두 아이를 키우고 있었기 때문에 원리법은 위험도가 너무 높았다.

부득이 잠시 화를 참고 회사에 딱 붙어 있었다.

싫어하는 것으로부터 도망치는 원리법을 행할 수 없는 경우에는 이심법이 좋다.

이심법의 첫 번째는 오늘의 눈앞에 있는 "화"에서 잠깐 다른 일로 사고를 이동하는 방법이다. 현실의 화는 일단 제쳐놓고 다른 정경을 떠올린다. 예를 들어, 직장 상사에게 화가 났을 때는 일단 상사에 대한 화를 제쳐놓고 주말여행을 생각하거나 데이트를 생각해 마음을 쉬게 한다.

단지, 이것은 일시적인 것으로 문제의 본질은 해결되지 않는다.

이심법의 두 번째는 객관적으로 보는 방법이다.

지금, 눈앞에 일어나고 있는 일을 또 다른 자신의 눈으로 객관적으로 바라보는 방법이다.

예를 들어, 상사가 당신에게 영업성적이 나쁘다는 것을 지적

해 화가 났다고 해 보자. 그 상사에게 화가 나도 '당신'을 '또 다른 나'의 눈을 통해 객관적으로 바라보는 것이다.

'상사는 부장님한테 더 심하게 혼나곤 하지. 힘들겠다.'
'정말로 열심히 영업을 하고 있는 걸까?'
'온 힘을 다해도 잘 하지 못하는 것도 있구나.'

이렇게 또 다른 당신이 현상을 객관적으로 보게 된다.

이심법의 세 번째는 명상이다.

개인적으로 나에게 큰 도움을 준 것은 명상이다. 본격적인 명상을 하지 않더라도 호흡을 고르게 하거나 멍하니 있는 것만으로도 효과가 있다.

다음 절에서 간단한 명상 방법에 대해 이야기하겠다.

5-03

화를 잠재우기 위한 들숨 날숨 연습, 그 첫 번째

⇒ 화를 잠재우는 호흡법

화라는 감정은 필요하기 때문에 일어난다. 무리하게 잠재우려 애쓸 필요는 없다. 그러나 화라는 감정을 그대로 행동으로 옮기는 것도 옳은 대책이 아니다.

당신은 화가 솟아오른다면 어떻게 하는가?

나는 젊었을 때, 화라는 감정이 솟으면 무조건 공격적으로 변했다.

상사나 동료에게 화가 나는 대로 부딪혀 거북한 사이가 된 적은 셀 수 없을 정도로 많았지만, 화라는 감정 그대로 행동하여 잘 풀린 경험은 그다지 없다.

상대방을 공격한 경우, 순간 기분은 풀린다. 그러나 30분도 지나지 않아 후회가 몰려온다.

나이가 들면서 감정에 휩쓸려 행동하는 일은 줄었지만, 참기만 하면 언제까지나 화라는 감정이 내면에 굳어져 사라지지 않는다.

현재, 내가 실천하고 있는 화를 잠재우는 방법은 호흡법이다. 화났을 때는 빨라지고 얕은 호흡을 하게 된다. 이것은 뇌가 긴급사태를 알리는 상태이다.

긴급사태일 때에는 모든 사고회로가 정지되어 지금 눈앞에 있는 상황에 대한 대처법만 생각하게 된다. 그리고 이 사고회로는 우리들이 아주 오랜 옛날부터 계승해온 유전자로 이루어져 있다.

고대에 맹수와 만나면 싸울 것인가 도망칠 것인가를 순간에 판단하며, 이때 다른 것은 일절 생각할 수 없게 된다. 이러한 사고회로가 생명을 유지하는 데 최적이었다.

화가 일어날 때는 이 긴급사태와 똑같은 상태가 된다. 지금은 옛날의 사냥을 하던 때와는 상황이 다르다. 생명의 위험에

빠질 위험은 거의 일어나지 않으니까.

우선 반대로 위기 상태에 빠졌을 때의 뇌 상태로 만드는 것이 중요하다. 즉, 얕은 호흡을 의도적으로 깊고 침착한 상태로 되돌린다.

요점은 간단하다. 심호흡을 상상해 보면 쉽게 알 수 있다. 우선 코로 한 번에 숨을 들이마셔 배를 한껏 부풀린다. 그리고 천천히 입으로 숨을 내쉰다. 그때 숫자를 세어도 괜찮다.

"하나, 두울, 셋……."

이 호흡을 10번 정도 반복해 보자.

호흡이 깊고 느긋해진다. **그러면 뇌는 평상시라고 인식하므로 일을 냉정하게 판단할 수 있게 된다.**

화라는 감정도 온화해지며 지금 무엇을 해야 가장 효과가 있을지 생각하는 여유가 생긴다.

당신도 "화"와 만나면 부디 이 호흡법을 시험해 보자.

5-04

화의 긴장을 풀기 위한 화 명상법, 그 두 번째

⇒ 명상으로 호흡 조정해서 화 잠재우기

호흡을 가다듬을 때 얻을 수 있는 효과를 조금 더 이야기해 보자.

오랜 시간 인간의 뇌는 사고를 한 결과로 신체를 조작하여 행동을 만든다고 생각되어 왔다. 그러나 최근 연구에는 행동이 먼저라는 실험 결과가 나왔다. 슬프니까 우는 것이 아니라 우니까 슬플 때도 있다는 것이다.

화가 난 상황에는 호흡이 얕아지고 빨라진다. 호흡을 고르게 함으로써 행동(호흡의 상태)을 깊고 느긋한 상태로 바꾸면 뇌는 화라는 감정이 필요하지 않다고 착각한다. 짜증이 났을 때 심호흡하는 것도 과학적으로 이유가 밝혀졌다.

호흡을 가다듬는 방법으로 또 다른 한 가지, 명상이 있다. 최근 미국의 연구를 통해 명상의 효과가 계속 해서 발표되고 있다. 애플사의 창업자인 스티브 잡스(Steve Jobs)가 오랜 기간 명상을 했다는 것은 유명한 이야기이다.

그렇다면 명상이란 구체적으로 어떤 효과가 있는 걸까?

우리들은 일상생활 중 수많은 스트레스에 직면한다. 그리고 스트레스를 받은 채 수면을 하고, 회복하지 못한 채 다시 스트레스 사회에 직면한다.

이런 일이 반복되다 보면 본래 냉정한 판단을 해야 하는 상황이 생겨도 감정적으로 행동하고 나중에 후회하는 일이 늘어나게 된다.

스트레스가 높아지면 호흡이 빨라져 몸의 근육도 긴장되고 사소한 것에도 화가 난다. 그럴 때 명상을 통해 호흡을 고르게 하면 침착해질 수 있다.

나는 명상을 하게 된 이후로 침착해져 짜증을 내는 일이 확실히 줄어들었다.

본격적인 명상 방법은 관련된 많은 책이 출간되어 있기 때문에 그 책들을 참고해 보면 좋다. 여기서는 간단하게 명상 방법을 소개하겠다.

주의사항은 다음 세 가지이다.

① 등을 펴고 앉는다

당장 마음이 복잡하지 않다면 특별히 등을 쭉 펼 필요는 없지만 당신이 본격적으로 명상하기 시작한다면 초심자 단계부터 등을 쭉 펴는 습관을 들이는 것이 좋다. 익숙해진 후에 등을 펴려고 하면 자세에 신경 쓰여 집중이 어렵게 된다.

또한 일상생활에서는 아무리 노력해도 앞으로 굽어지기 때문에 명상할 때만은 등을 곧게 펴는 연습을 해 주자.

② 코로 한 번에 숨을 들이마셔 천천히(10초 정도) 내뱉는다

입으로 한 번에 숨을 들이마시면 폐가 아플 가능성이 있으므로 코로 들이마시는 방법을 추천한다. 뱉을 때는 입으로 해도, 코로 해도, 모두 상관없다.

이 호흡법은 5초 동안 하며 그 이상 명상을 계속하는 경우에는 이 호흡법을 하는 것이 아니라 자연스럽게 호흡해 주자.

이 방법은 어디까지나 하나의 예로 다른 호흡법을 추천하는 사람도 있다. 제각기 타당한 근거를 기초로 하고 있으니 어느 것이 정답이라고 확답할 수 없다.

어찌 됐든 하루 5분도 좋으니 조용히 호흡을 가다듬는 시간을 만들어 보자.

명상의 효과는 반복함으로써 실감할 수 있다.

5-05

화난 마음을 다스리기 위한 자기관찰 습관

⇒ 차분히 자신을 바라보는 습관을 들인다

당신이 화를 내는 이유는 자신의 시점에서 판단하고 있기 때문이다.

"왜 K씨는 언제나 저렇게나 자기 멋대로일까……."
"과장님은 왜 일도 못 하면서 저렇게 잘난 체하는 걸까……."

이러한 감정은 모두 자기 자신의 시점에서 본 K씨이고, 과장님이다. K씨도 과장님도 의미가 있어 행동한 것인데 그것이 당신에게는 보이지 않을 뿐이다.

커뮤니케이션을 원활하게 하기 위해서는 자신이 무엇을 생각하고 있는가가 아니라 상대방이 무엇을 생각하고 있는가를 알아둘 필요가 있다.

그러기 위해서는 자신 이외의 또 다른 자신이 필요하다.

화라는 감정은 밖에서 받은 공격으로 인해 발생한다고 생각하기 쉽지만 사실 밖이 아니라 자기 안에서 직접 만든 것이다.

예를 들어 누군가가 "좀 더 힘을 내!"라고 말했다고 해 보자.

그때 '시끄러워! 그런 말 안 해도 힘내고 있다고!'라고 생각한다면 화라는 감정이 생긴다.

'응원해 줘서 나도 기뻐!'라고 생각한다면 긍정의 감정이 생긴다.

어느 쪽을 선택할지는 당신 자신의 사고에 달려 있다. 다만 평상시에는 조건반사적으로 감정이 솟아오르기 때문에 좀처럼 사고를 바꿀 수 없다.

여기에는 명상이 효과적이다. 명상에는 화를 잠재우는 자기 관찰의 효과도 있기 때문이다. 명상하며 차분하게 앉아 있으면 앉아 있는 자신과는 다른 '또 다른 자신'이 등장한다.

자 신: 온 힘을 다해 열심히 하고 있는데 과장님은 언제나 나에게 힘내라며 화를 낸다.

또 다른 자신: 과장님은 너를 위해 말해 주는 거야. 너를 승진시키고 싶으셔서.

자 신: 아니야! 단지 스트레스를 발산하고 있는 거야.

또 다른 자신: 과장님은 너를 걱정하고 있는 거야. 네가 문제를 처리하러 갔을 때, 사무소에서 혼자 걱정하면서 돌아오는 걸 기다리셨어.

자 신: 그래, 맞아. 나를 걱정해 주셨지.

이렇게 자신이 아닌 또 다른 자신이 객관적으로 자신의 언행이나 마음속을 들여다보는 행위가 자기관찰이다. 자기관찰은 명상을 안 해도 할 수 있으나 명상을 하면서 자기관찰을 하면 침착하게 자신의 마음을 관찰할 수 있다.

한순간의 감정에 좌우되지 않고 자신을 객관적으로 바라보는 습관을 들이자. 자기관찰이 습관이 되면 다른 인생이 보이기 시작한다.

5–06

억지 미소도 화에는 약이 된다

⇒ 미소는 긴장을 풀어주고 편안하게 해 준다

명상 이외에도 간단하게 화를 가라앉힐 방법이 있다. 그것은 웃음이다.

인간의 뇌는 동시에 두 가지 감정을 일으킬 수 없다.

화와 정반대인 감정은 웃음이다. 앞서 인간은 슬프니까 우는 것이 아니라 울기 때문에 슬픈 것이라고 했다. 웃음도 같은 맥락이다. 재미있지 않아도 웃으면 마음이 밝아져 긍정적으로 변한다.

나의 경험담이다.

한 회의 자리에서 여러 명이 의견이 달라 크게 싸움이 일어났다. 그때 그중 한 명이 '푸-'하고 방귀를 뀌었다.

한 사람이 방귀소리를 듣고 웃기 시작하자 다른 사람들도 같이 웃기 시작했다. 방귀를 뀐 당사자는 멋쩍어 하며 쓴웃음을 지었다.

조금 전까지 긴박감 넘치던 상황에서 서로 비난을 했음에도 웃기 시작하자 과격한 말들은 사라지고 상냥한 말들로 바뀌었다.

어느새 사람들 사이에서 화라는 감정은 사라지고 그 후에는 서로의 의견을 존중하고 건설적인 대화가 오가는 현장이 되어 무사히 회의는 끝났다.

웃음은 긴장을 풀어주고 편하게 만들어준다.

긴장할 때는 시야가 좁아져 자기중심적인 생각이 지배하게 되지만 웃고 있을 때는 침착한 상태가 되므로 상대방을 생각하는 여유가 생긴다.

웃음은 상대방에게 우호적이라는 신호를 보내기도 한다.

아주 오래전부터 웃음은 '당신에게 호의를 가지고 있다'는 뜻을 가지기도 했다.

긴박한 현장에서 갑작스레 웃는 것은 무례하거나 부주의한 행동인 경우도 있으므로 미소 정도로 해 본다면 효과적일 것이다.

TPO*를 고려하며 생활에 웃음을 심어 보자. 특별히 목소리를 내지 않아도 괜찮다. 웃는 표정이나 행동만으로도 효과는 있다.

또한 짜증이 나거나 화로 가득 차 있을 때도 그 원인을 생각하지 말고 큰 목소리로 웃어보자.

신기하게도 기분이 밝아지고 지금까지 화를 냈던 모습이 바보처럼 느껴진다.

평소에 그다지 웃지 않았던 사람은 웃는 연습을 해 보자.

나는 매일 아침 거울 앞에서 큰소리를 내며 웃는다. 기분이 좋을 때도 무척이나 웃을 기분이 아닐 때도 무리하며 웃으면 마음이 밝게 갠다.

---

* 시간(time), 장소(place), 상황(occasion)의 머릿글자.

주변의 사람들도 종종 나의 조언을 받고 아침에 웃는 것을 실행함으로써 어색했던 인간관계가 개선됐다고 전해온다.

미소와 웃음은 화를 해소하며 인간관계를 우호적으로 만들어준다.

5–07

적게나마 누군가를 기쁘게 하면 화나지 않는 체질이 된다

⇒ 자신을 위해 다른 이가 기뻐하는 것을 한다

화라는 감정은 에너지가 안으로 향해 있기 때문에 일어나는 것이다. 또한 자신을 중심으로 사건을 생각하기 때문에 일어나는 것이다.

화내지 않기 위해서는 안으로 향해 있는 에너지를 밖으로 발하는 것이 좋다.

천국과 지옥에 대해 한 이야기가 있다.

지옥에 가면 의자에 묶인 채 긴 젓가락을 받는다. 눈앞에 진수성찬이 있음에도 젓가락이 너무 길어 자신의 입으로 음식을 가져올 수 없어 굶주림에 괴롭다. 그래서 화가 나 서로를 헐뜯는 것이 지옥이다.

천국에서도 똑같이 의자에 묶여 긴 젓가락을 받는다. 그러나 눈앞에 앉아 있는 사람과 함께 서로 먹여 주기 때문에 맛있는 것을 감사히 먹을 수 있다고 한다. 모두가 웃으며 만족한다. 이것이 천국이다.

지옥의 주인은 긴 젓가락을 가지고 있기 때문에 눈앞에 진수성찬을 먹지 못해 화를 낸다. 에너지가 자신을 향해 있기 때문이다. 자신이 먹고 싶은 음식을 먹고 싶다, 자신에게 맞는 젓가락을 달라며 화내고 있다.

천국의 주인은 에너지가 밖을 향해 있다. 눈앞의 상대방에게 맛있는 것을 먹여주고 싶다, 기쁘게 해 주고 싶다는 마음이기 때문에 화와는 반대로 기쁨으로 가득 찬 세계에서 살아가고 있다.

이는 극단적인 예라고 생각하지만 평소에 우리 인간들은 '내가, 내가'라며 자신만을 생각하며 지낸다. 그러면 화의 씨앗이 생겨 참을 수 없게 된다.

누군가를 기쁘게 하는 것은 상대방을 위한 것이 아니라 자신

을 위한 것이다.

이렇게 말하는 나도 이전 직장에서 부하 직원에게 지시를 내렸을 때 기대했던 행동을 하지 않으면 짜증이 나거나 화가 났다.

그러나 어떻게 하면 부하 직원이 행복하게 근무할 수 있을까, 의욕을 가질 수 있을까 이러한 방향으로 시점을 옮기자 화는 사라지고 짜증도 줄었다.

더욱이 부하 직원의 동기부여가 강해 지거나 즐겁게 일을 하는 것을 목격하면 기쁨이 마음에 퍼졌다.

지금보다 조금이라도 더 사람들이 기뻐할 수 있는 행동을 하면 결과적으로 나의 행복에 이어진다는 것을 실감한 것이다.

화라는 감정을 없애기 위해서는 화 그 자체를 향하는 것도 중요하지만, 평상시 생활 속에서 화가 일어나지 않는 체질을 만드는 것도 필요하다.

지금 생활 속에서 아주 조금이라도 상관없으니 상대방이 기뻐하는 것을 생각해 실행에 옮겨 보자. 화를 내는 횟수는 틀림없이 줄어든다.

제5장의 포인트

- 화라는 감정 그대로 상대방을 질책하거나 자신을 공격하지 말고, 있는 그대로의 사실만을 인식한다.
- "화"를 느꼈다면 이심법을 사용해 화에서 거리를 둔다.
- 화라는 감정이 솟아올랐다면 호흡법을 실천한다.
- 느긋하고 깊게 호흡하는 것으로 침착해질 수 있으며 감정의 기복이 줄어든다.
- 상대방의 언행을 객관적으로 보는 것이 가능한 자기관찰의 습관을 붙인다.
- 의도적으로 미소를 지으면 마음도 밝아져 긍정적으로 바뀐다.
- 화가 나지 않는 본질을 만들기 위해서는 타인이 기뻐하는 행동을 약간씩 취한다.

끝으로

끝없는 고민거리인 '화라는 감정'에 대해 왜 화가 나는가, "화"의 대처법, "화"의 이득 등 여러 가지 이야기를 했다.

화는 강한 에너지를 가지고 있다. 공격에 방향을 향하면 지는 감정이 되지만 우리들의 편에 둘 수만 있다면 이 정도로 마음 든든한 감정 또한 없다.

화 그 자체는 다양한 모습을 가지고 있으나 크게 나누면 타인에 대한 화와 자신에 대한 화로 나눌 수 있다.

타인에 대한 화는 상대가 당신이 기대한 대로 움직이지 않았기 때문에 일어난다.

자신에 대한 화는 자기 자신이 기대한 대로 움직이지 못했기 때문에 일어난다.

이러한 감정을 치유하는 방법은 '용서'이다.

'타인을 용서한다', '자기 자신을 용서한다'

여기서 말하는 용서란 타협하는 것이 아니다. 사랑에서 태어난 용서이다.

어느 사람을 '용서해 준다'의 용서는 자신이 옳고 상대방이 틀렸지만 용서해 준다는 위선적인 용서이다. 그러나 자신도 타인도 모든 인간은 나약한 생물로 실수도 하며 실패도 한다.

사랑으로 용서한다는 것은 불완전한 인간이라도 충분히 사랑할 가치가 있는 훌륭한 사람이라며 서로 존중해 용서하는 것이다.

불완전한 채 자기 자신을, 타인을 사랑하고 실수를 용서하는 것이 화를 가라앉히는 사랑의 용서이다.

적의에서 적의가 태어난다.

사랑에서 사랑이 태어난다.

적의에서 사랑은 태어나지 못한다.

당신이 자신을 사랑할 수 있다면 타인도 사랑할 수 있다.

당신이 자신을 질책하거나 미워한다면 타인에게도 똑같은 감정을 투사한다.

마지막으로 도덕적인 이야기를 해 스스로 부끄럽고 창피한 기분이 든다. 세계평화 같은 거창한 이야기를 하는 것이 아니다. 단지 어찌 되었든 이 책을 읽어준 당신에게 큰소리로 말하고 싶다.

"자신을 사랑하세요."

"지금 있는 그대로의 자신을 사랑해 주세요."

이것이야말로 사랑의 비결이다.

자신을 사랑하고 자신을 존중하는 것에 어떠한 망설임도 필요 없다.

사랑의 마음을 가지고 화와 마주하자.

당신의 행복을 기원하며 펜을 놓는다.

감사를 담아!

요코야마 노부하루

때려치기 전에 직장인 분노 조절 기술

쓸데없이 화내지 않도록 도와주는 분노조절 심리학

초판 1쇄 발행 | 2018년 6월 4일

지은이 | 요코야마 노부하루
번역 | 최민아 **보조** | 남정옥
기획 편집 총괄 | 호혜정
편집 | 김정빈
기획 | 홍연서
표지·본문 디자인 | 김민정
교정·교열 | 호혜정 홍연서 김정빈
홍보 마케팅 | 최미남 김태현
펴낸곳 | 리텍 콘텐츠
출판등록 | 제 2011-000200호
주소 | 서울시 용산구 원효로 153 원효빌딩 824호
전화 | 02-2051-0311 **팩스** | 02-6280-0371
이메일 | ritec1@naver.com
홈페이지 | http://www.ritec.co.kr
페이스북 | **블로그** | **카카오스토리채널** | [책갈피를 꽂다]
ISBN | 979-11-86151-13-6 (03180)

* 이 도서의 국립중앙도서관 출판예정도서목록(CIP)은
서지정보유통지원시스템홈페이지(http://seoji.nl.go.kr)와
국가자료공동목록시스템(http://www.nl.go.kr/kolisnet)에서
이용하실 수 있습니다.(CIP제어번호: CIP2018014703)